INJECTIONS D'AMOUR

Injections d'amour
L' édition française a été éditée et publiée par Brusse publications

ISBN-13: 978-84-938623-1-2
brussepublications@gmail.com
Av. Cantabria 16 - 2a
39012 Santander
España

Toutes les photos ont été prises par Brusse, Hanse Cora, Sandra Rodriguez.

Version française éditée par Jacqueline Lefort et Christiane Dehairs.

Conception, réalisation et texte par Kim Brusselmans
Conception graphique Kim Brusselmans, Hanse Cora, Laura Praet.

Paintbrush Luis Ibañez p101
www.myspace.com/luisperlaartisa

Mes grands chéris

A Sandra, ma muse et mon coeur. Merci pour toute ton aide.
A ma sœur qui m'a donné cette première forte impulsion.
A Hanse Cora qui m'a aidé à prendre de superbes photos.
A Elisabeth Vandeweghe pour tant de choses.
A Steven Van Vaerenbergh comme toujours.
A mes parents pour leur énergie.
A Laurens et Annemie.
A Wilfried De Corte.
A Jacqueline Lefort.

Un grand merci à

Stefan Bracke
Maria Palacios
Sophie Capiau
Marc Bosch
Zaza Bertrand
Marthe De Buck
Luis Ibañez
Lim Sijmons
Laura Praet
Tom Dejonghe
Katherine Brown
Inge Gelaude
Bart Denolf
Kutje Soens
Jan Hoozee
Emmy & Tom
Katrien Dupon
José Piris
Jose Gil-Nogues Villen
Emiel Collin
Valenti Barcelona
Paco & Co

Et tout spécialement à

Isabel Vega
Pablo Viñaspre

Votre soutien était précieux.

INTRODUCTION ET PHILOSOPHIE

L'amour est l'émotion la plus forte qui soit. C'est une propulsion, une énergie et la seule clé vers le bonheur. L'amour est partout: dans les rues, dans la nature, dans nos maisons et dans nos corps. La plupart d'entre nous n'arrive pas à bien exprimer ses sentiments. La société a fait beaucoup de progrès. Par contre la "romance" n'a pas connu beaucoup d'évolutions. C'est comme si ce concept était resté suspendu au 16ième siècle et restreint par la suite en "fleurs, restaurant, musique, couchers de soleil et chocolat". C'est précisément pour cela que j'ai voulu concevoir un livre qui développe la romance en démontrant où elle devrait se situer de nos jours.

Quand vous vous plongerez dans ce livre vous découvrirez que plusieurs "injections d'amour" sont attribuées à des personnes que je connais. D'autres sont plutôt générales et tentent d'explorer le concept de la romance de façon plus approfondie. Je n'ai pas voulu me limiter à développer une idée, en prendre une photo et m'en aller. Je voulais aller plus loin: ressentir l'autre, l'instant et aussi l'amour. Je peux vous dire que c'est une expérience inoubliable et pleine de beauté.

En somme, j'ai voulu démontrer que l'amour peut être promu différemment et par toutes sortes de moyens. Je veux que vous soyez stimulé à votre tour. Ainsi vous pourrez stimuler d'autres personnes.

Eparpillez et injectez de l'amour !

Contenu

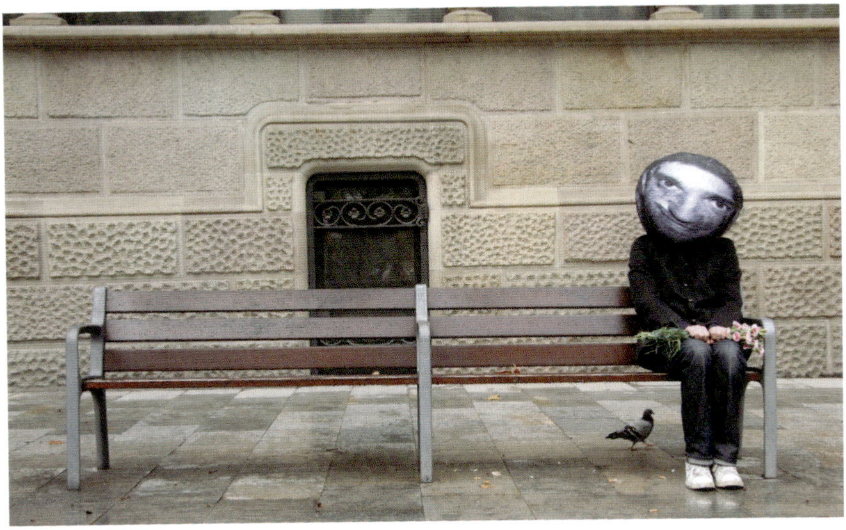

PARTIE 1

MURS ET PLAFONDS D'AMOUR

1

Je n'ai pas de vase.

J'achetais quelques fleurs pour mon amie et je voulais les mettre dans un beau vase, mais je n'en trouvais pas. Par contre je trouvais du ruban adhésif. Je commençais à coller toutes les fleurs aux murs, aux vitres, au miroir. Pendant que j' étais occupé à faire cela il me vint l' idée de mettre un petit billet doux à chaque fleur pour y ajouter une touche personnelle comme par exemple: "Parce que tu sens si bon", "Parce que tu es la plus jolie",...

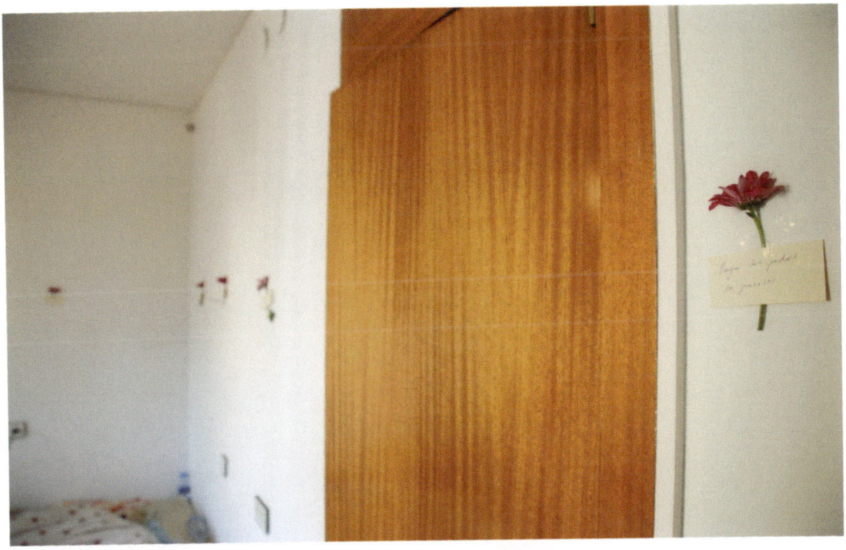

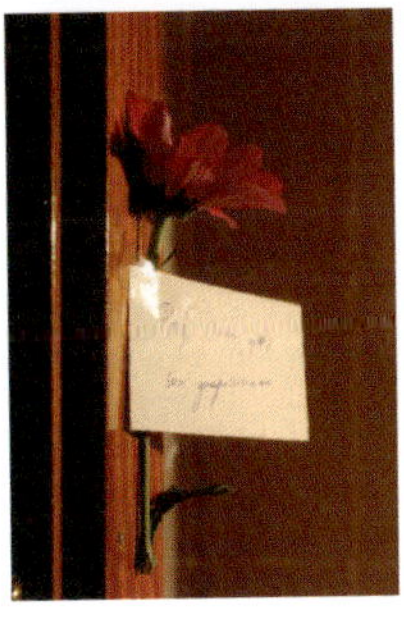

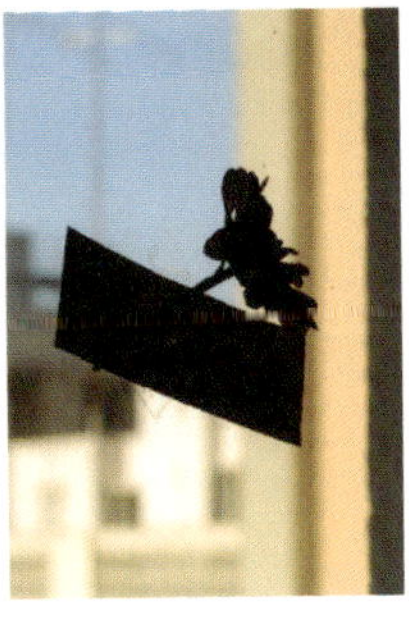

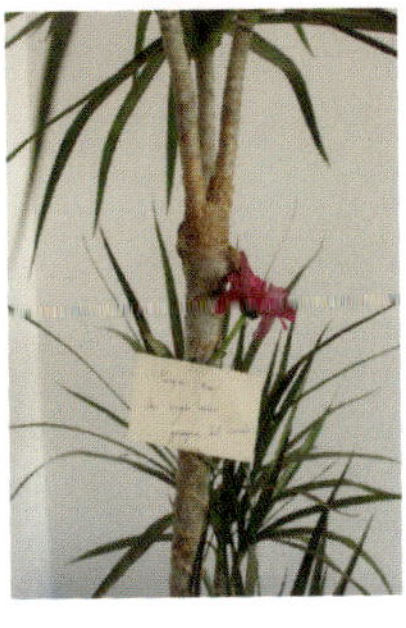

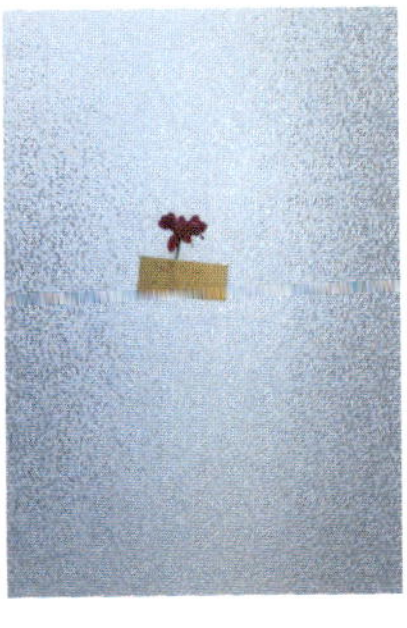

2

Tu choisis.

Comment une nuit incertaine devient certaine.

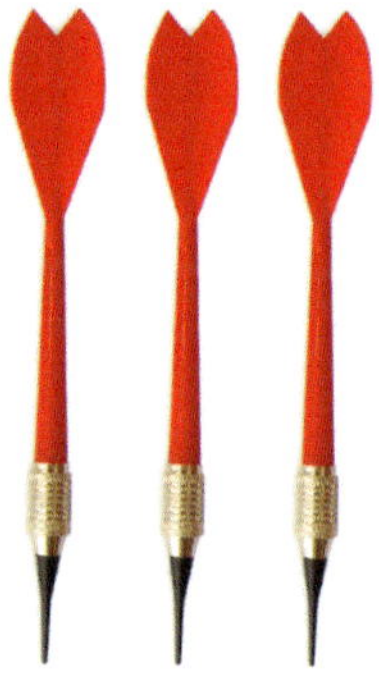

'Cinéma, sexe, fleurs, bain, concert, restaurant, partons ce week-end'

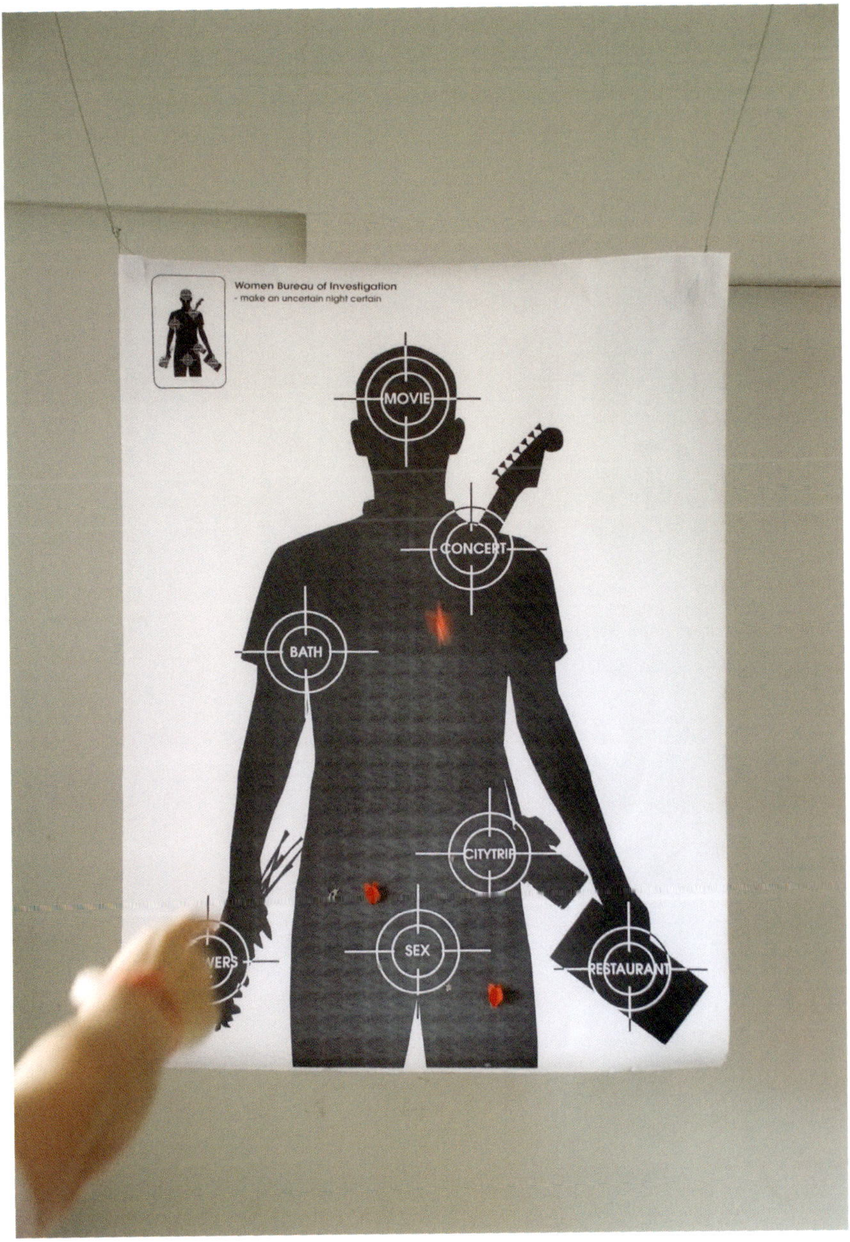
Women Bureau of Investigation
- make an uncertain night certain
MOVIE
CONCERT
BATH
SEX
RESTAURANT

3

Je ne sais pas...

Procédés conventionnels et moins conventionnels pour cacher un cadeau.

'Je ne sais pas où est ton cadeau.'

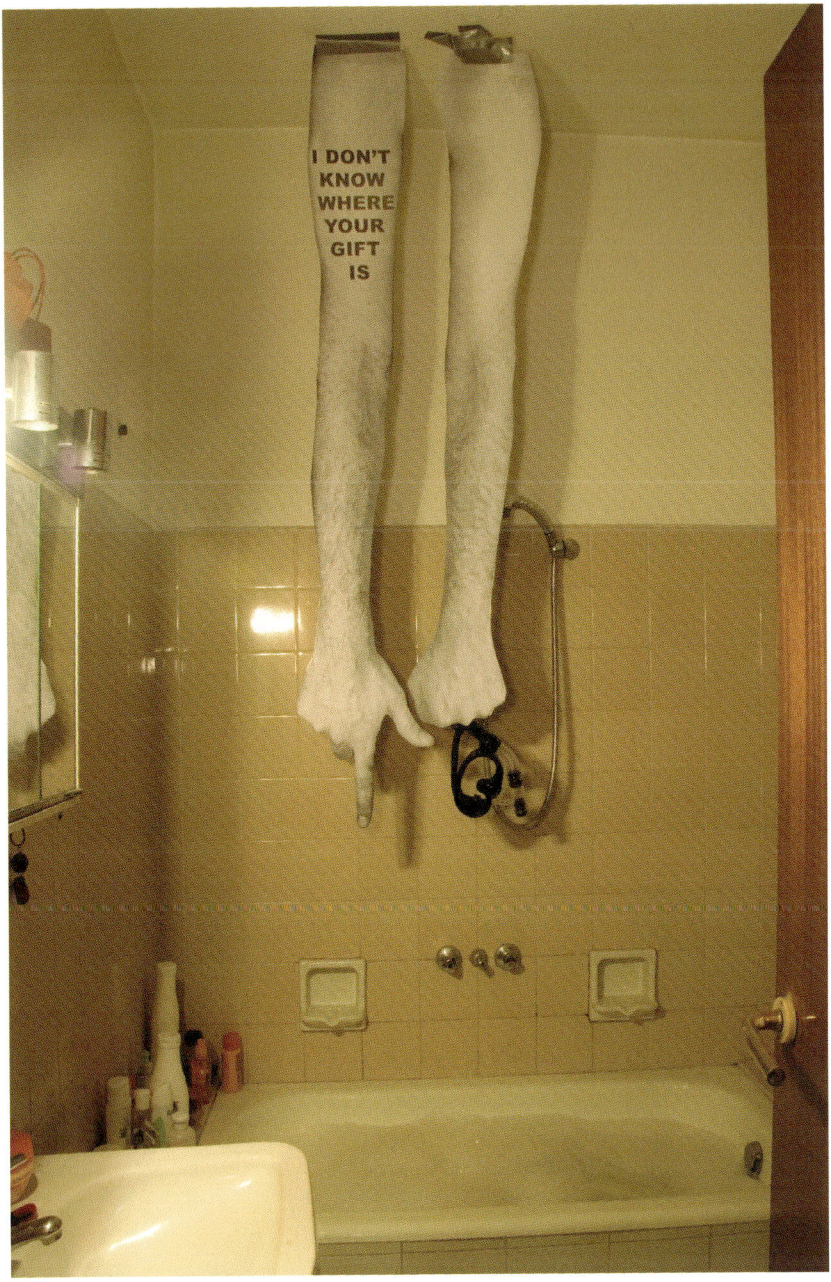
I DON'T
KNOW
WHERE
YOUR
GIFT
IS

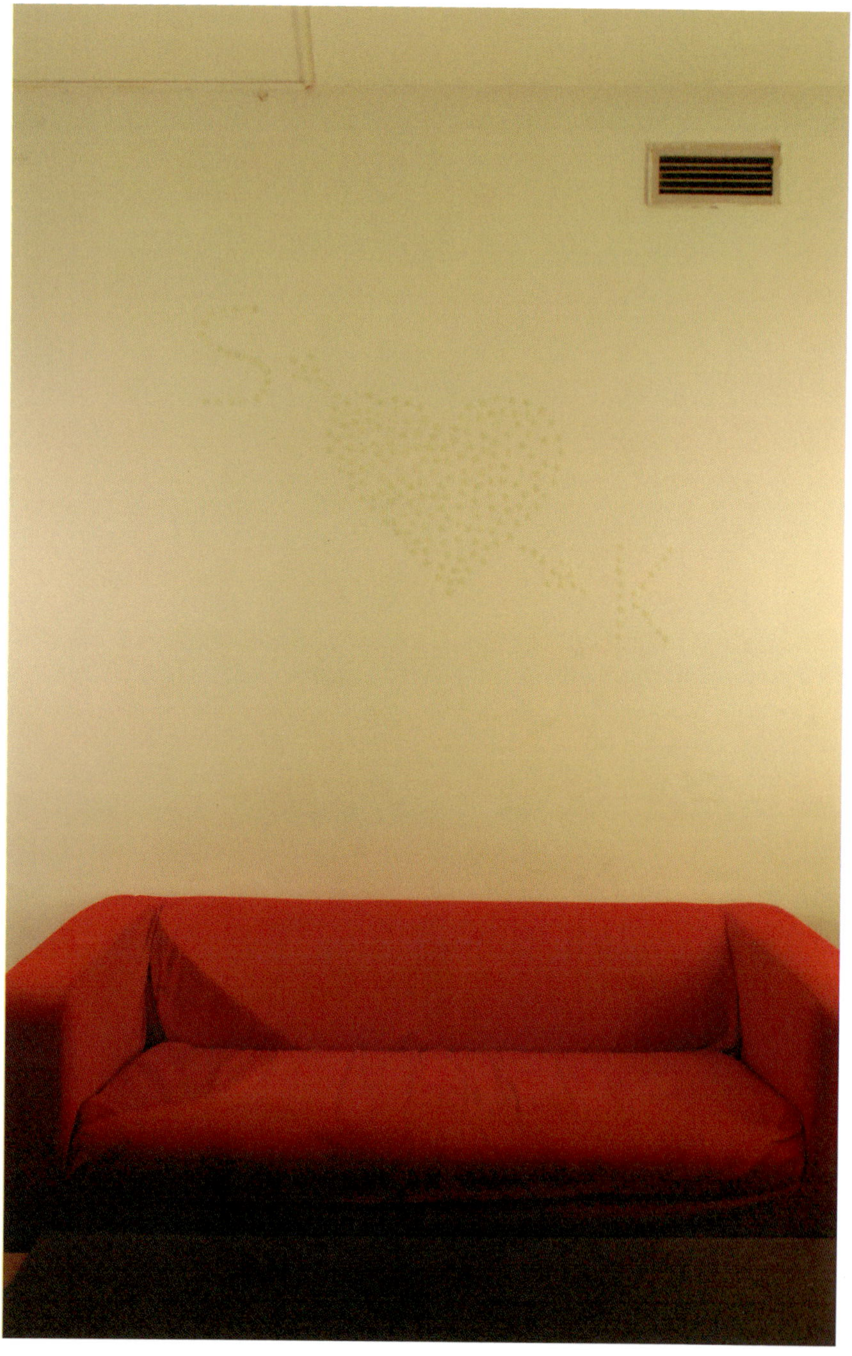
S K

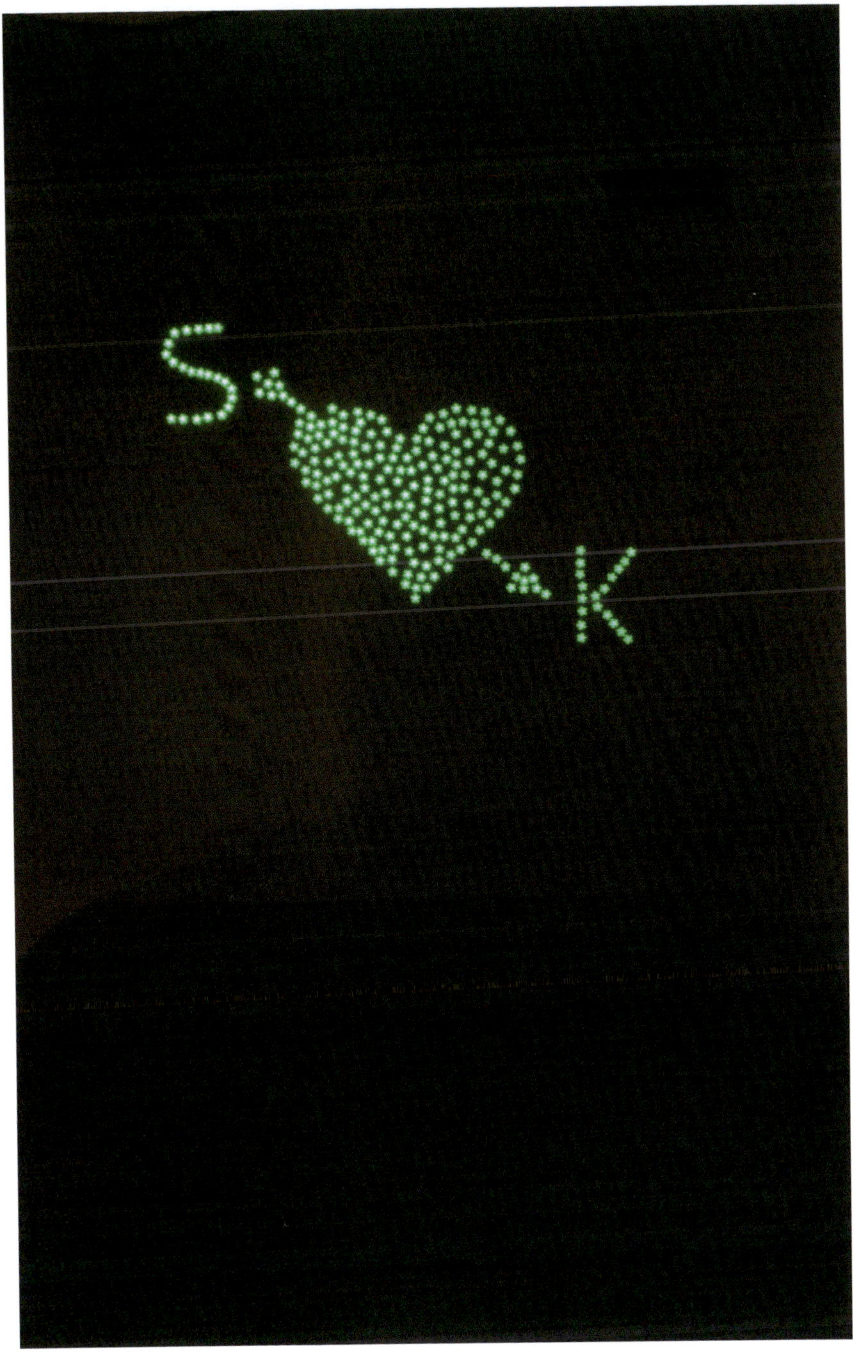
S
K

5

La romance est morte.

N’ exprime pas ton amour trop tard.

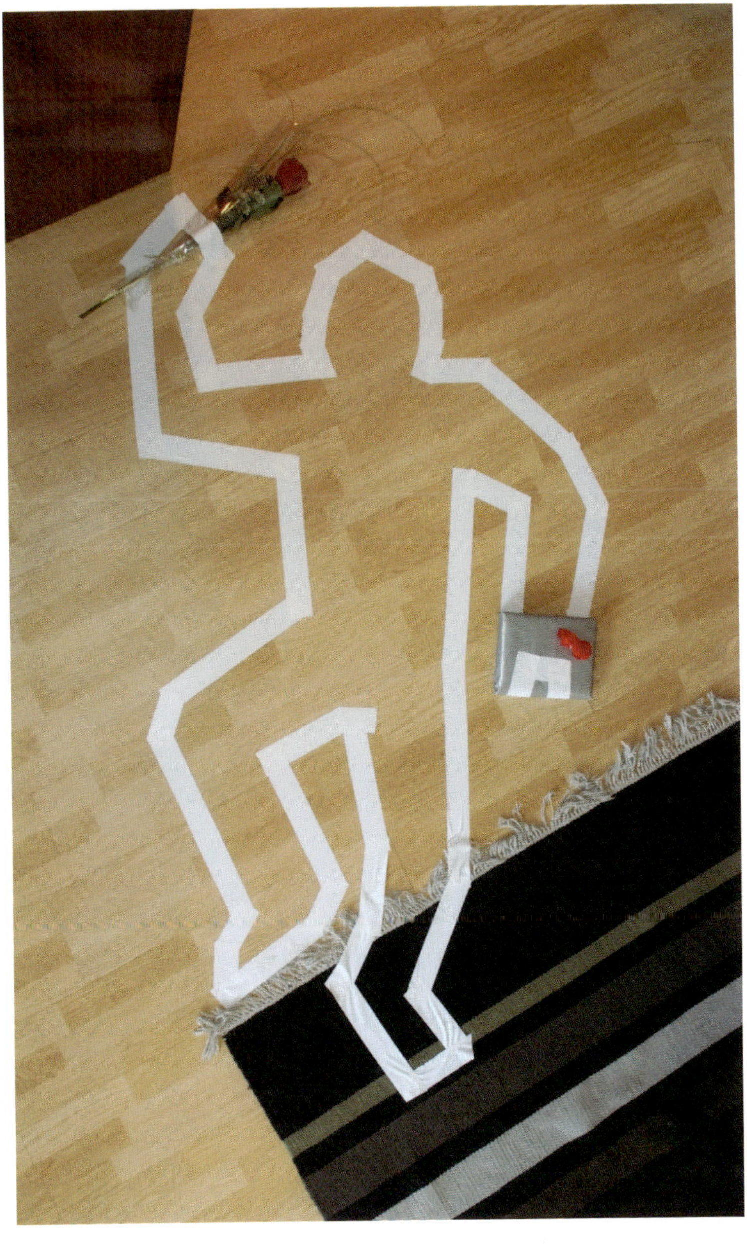

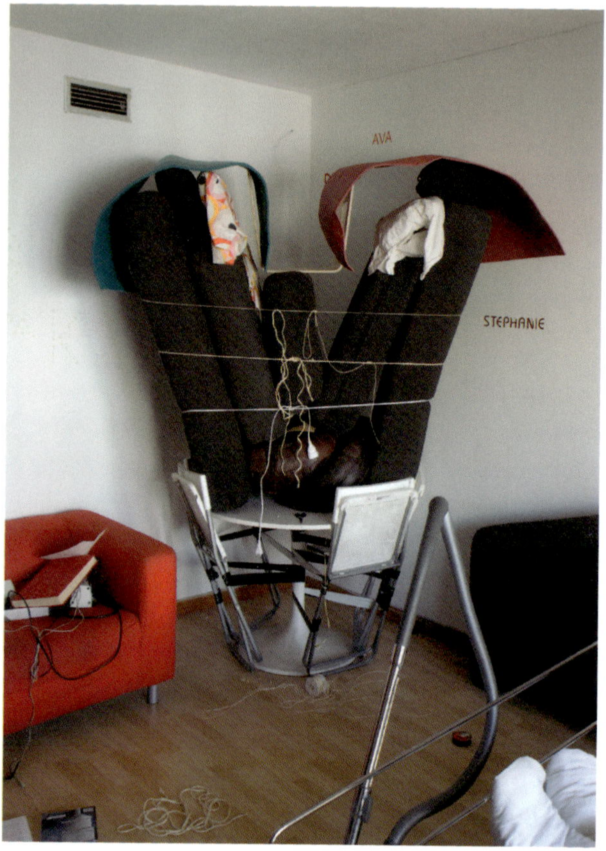
AVA
STEPHANIE

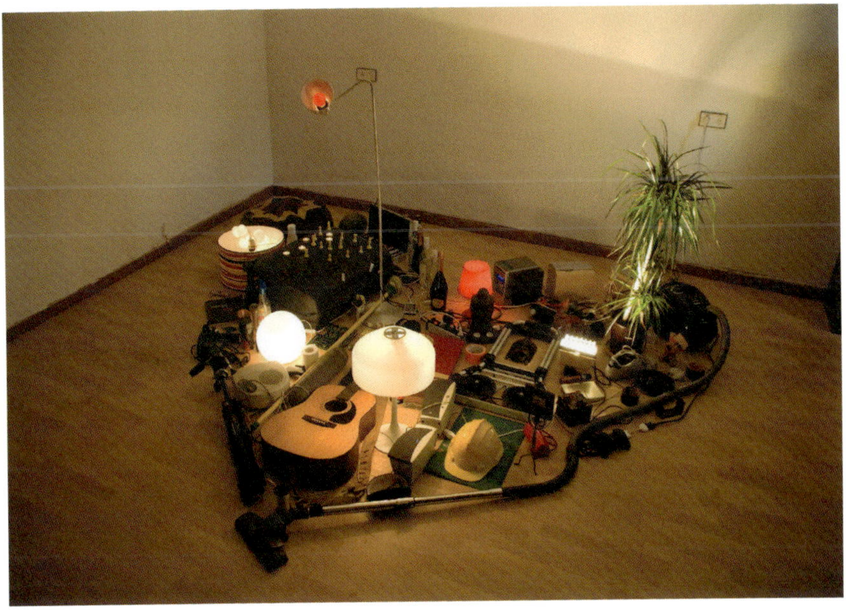

7

Le fil rouge.

Un jour en s'éveillant maman remarqua un fil de laine rouge tendu à travers la maison. Son parcours commençait par une clé que j' avais attachée à la laine.

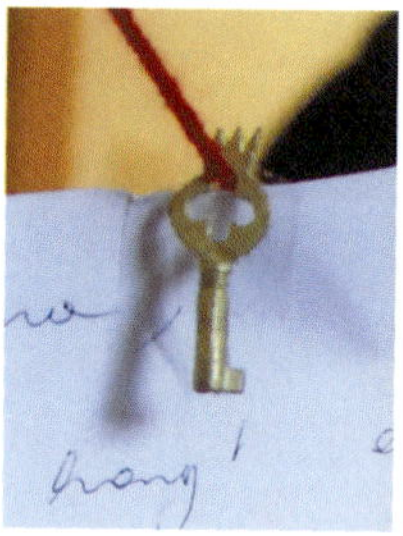

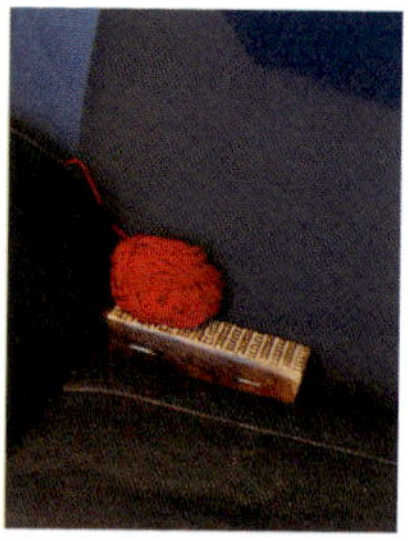

Avec la clé en main elle devait suivre un parcours qui menait à une boîte dans laquelle j'avais caché un cadeau. Pour lui rendre la tâche plus difficile j'avais employé des mètres et des mètres de fil rouge.

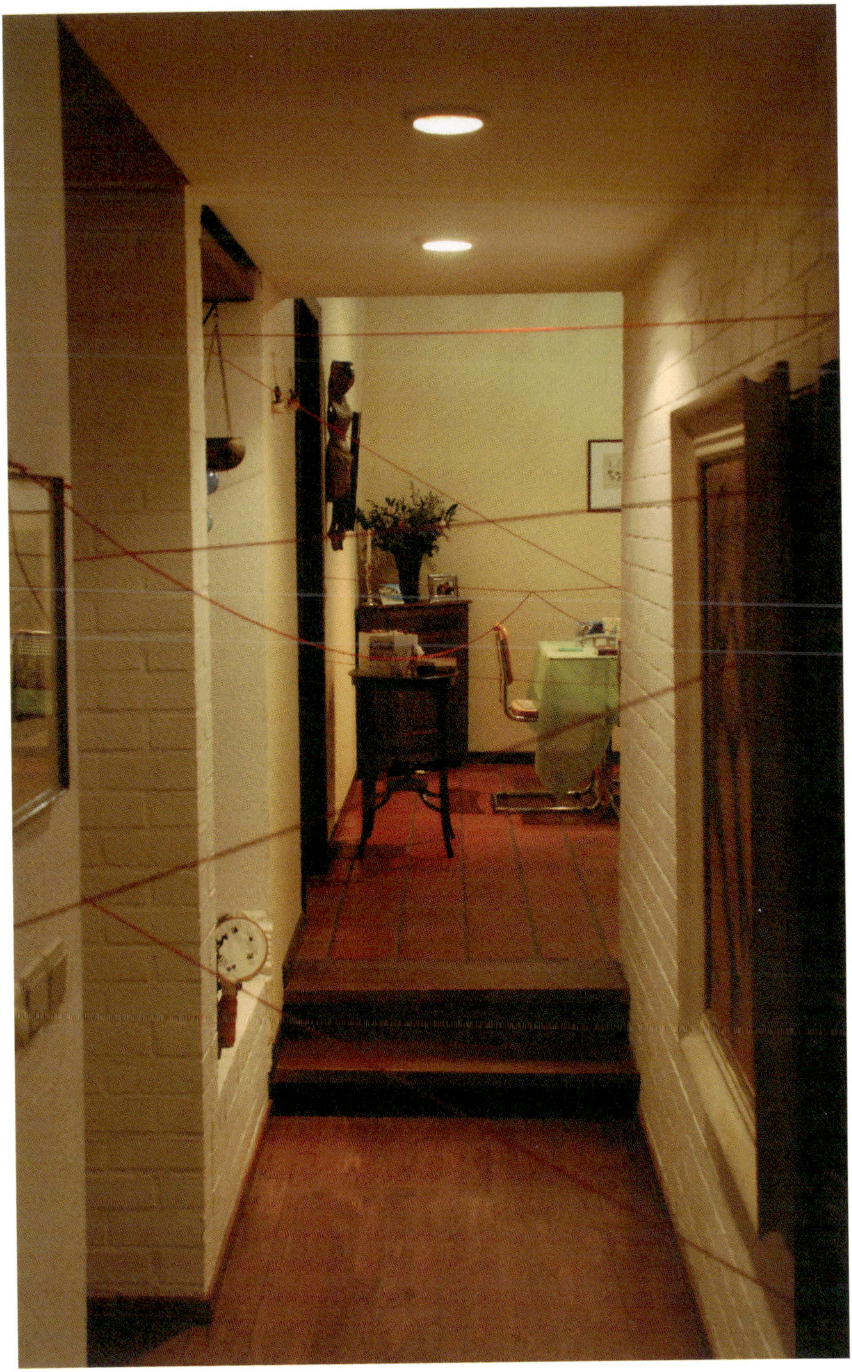

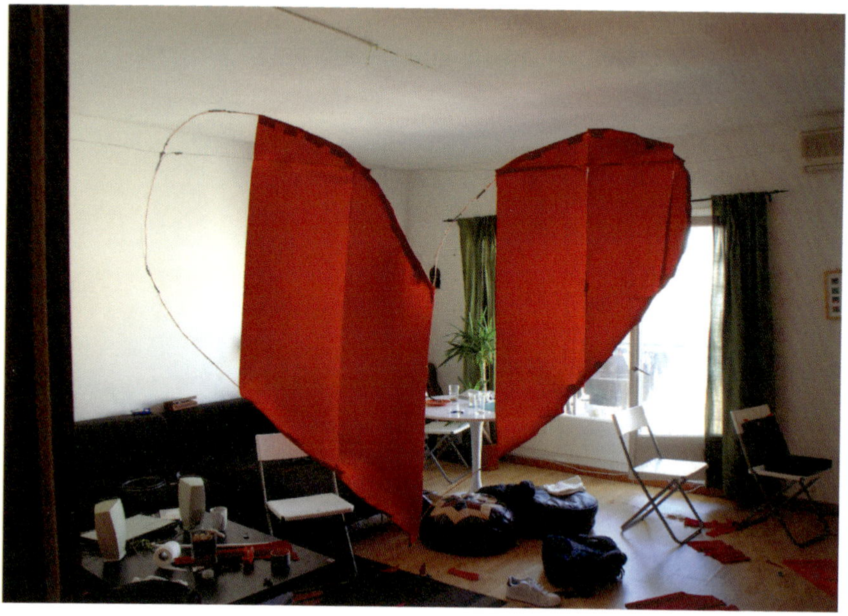

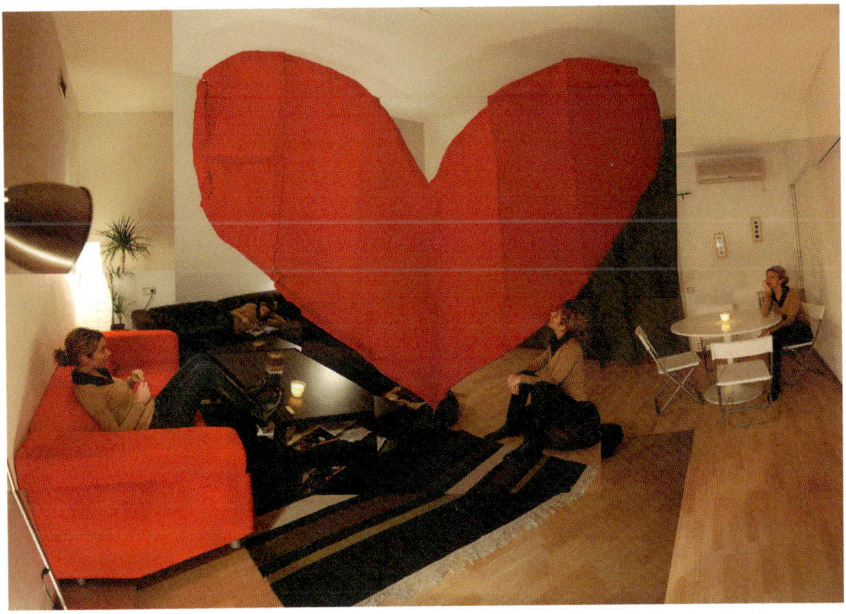

9

En- dessous de toi.

Après avoir prévenu le collègue de mon amie, je me faufilais dans son bureau après l'heure de fermeture.

Je posais le cadeau, qui ressemblait un peu à une bombe, sous sa chaise.

Le jour suivant elle se rendait au bureau, commençait à travailler et ne s'apercevait de rien. J' envoyais un e-mail en néerlandais à son collègue qui le lui transmettait. J' avais écrit: "Verrassing, kijk onder je stoel." Son collègue lui dit qu' il lui fallait la traduction de cette phrase. Au lieu de se servir du service 'online' comme je croyais qu'elle le ferait, elle choisit la solution la plus facile et me téléphona! Je traduisais: "Surprise, regarde sous ta chaise!".

Elle raccrocha directement et transmit la traduction à son collègue. Il répondit: "Et bien, regarde sous ta chaise !" Après quelques secondes d' hésitations elle regarda sous sa chaise et trouva enfin sa surprise.

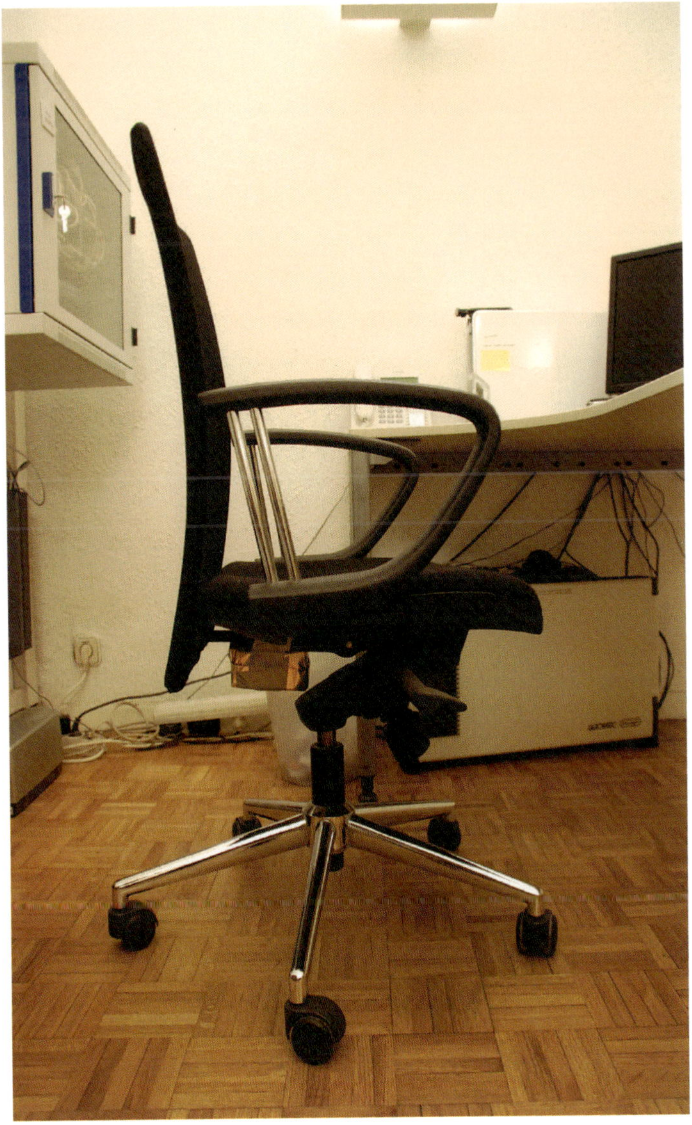

10

Harmonisez votre porte.

Je me prenais en photo et la faisais agrandir dans un copy center qui imprime des plans pour architectes.

Ce centre a l' avantage de pouvoir réaliser des copies de 90 cm sur 20 mètres.

Après avoir terminé toutes mes préparations je me cachais sous l' escalier pour savourer son incontournable fou rire.

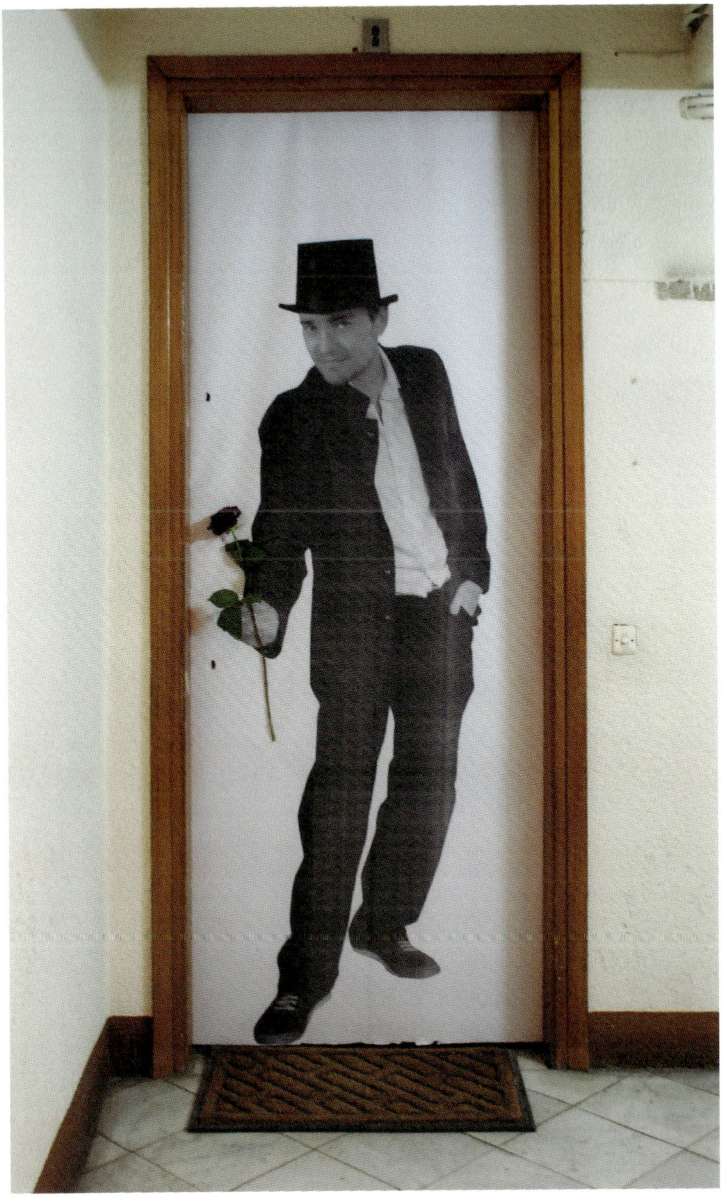

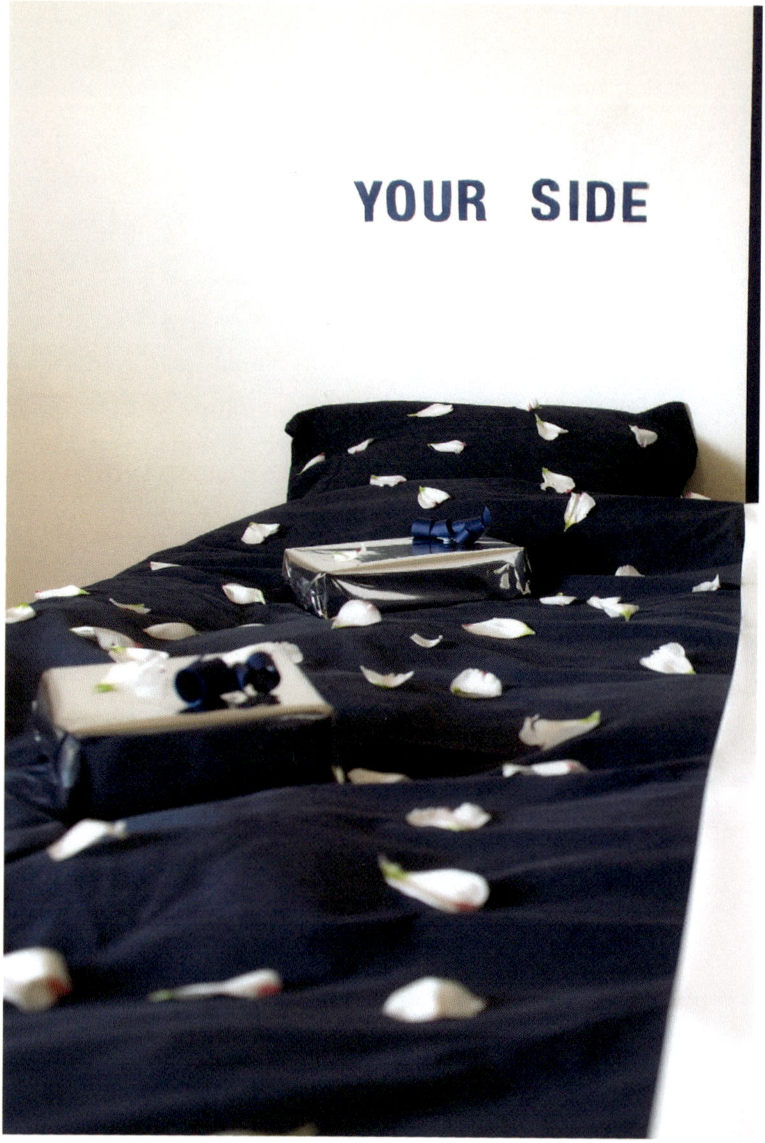

'Ton côté mon côté.'

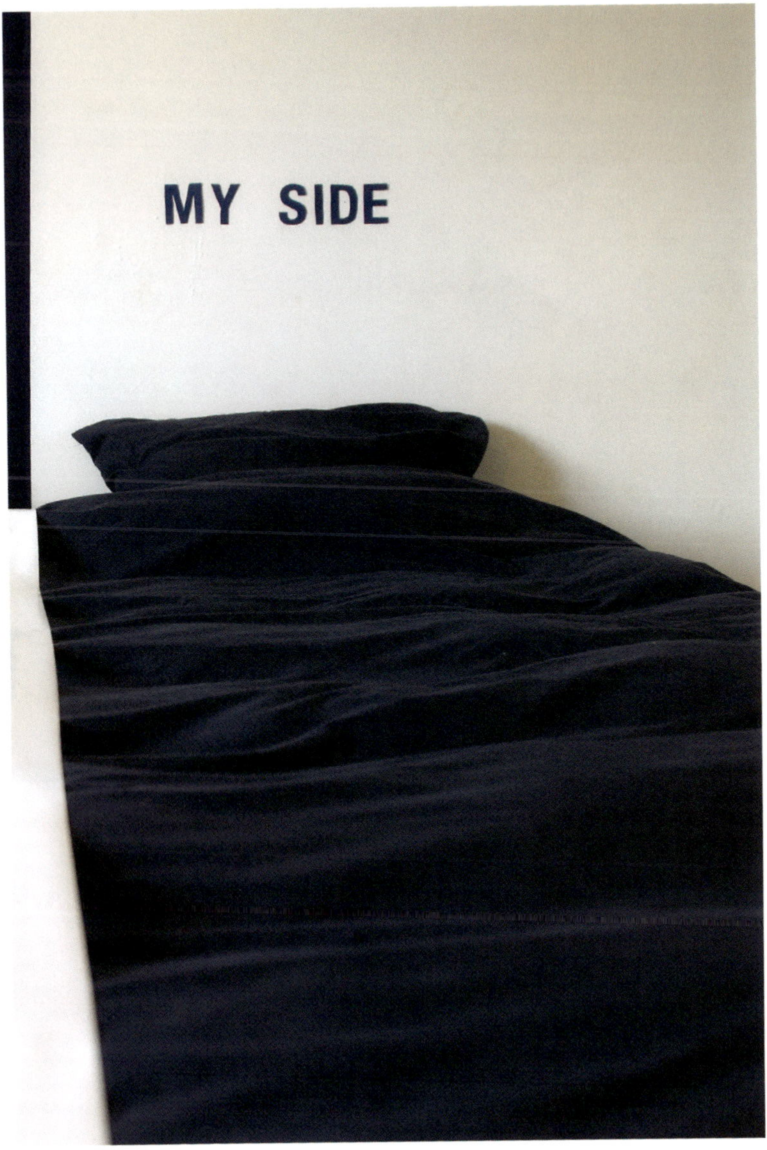
MY SIDE

12

La tendre ligne rouge.

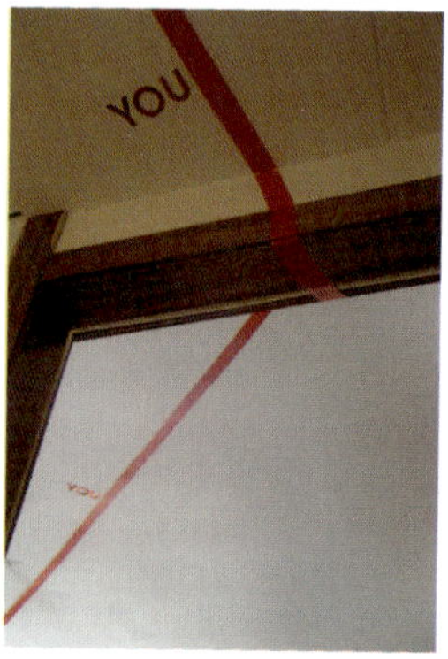

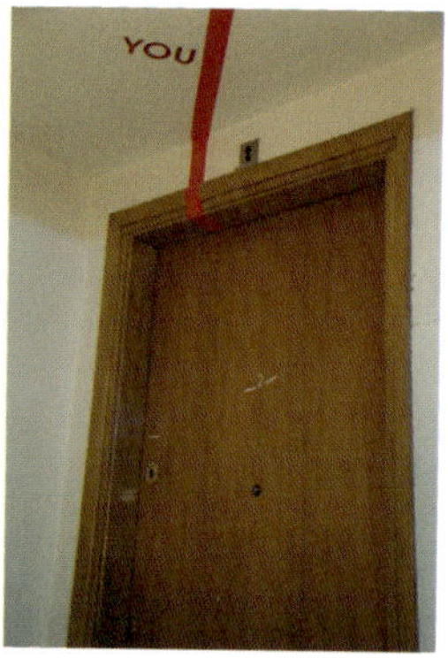

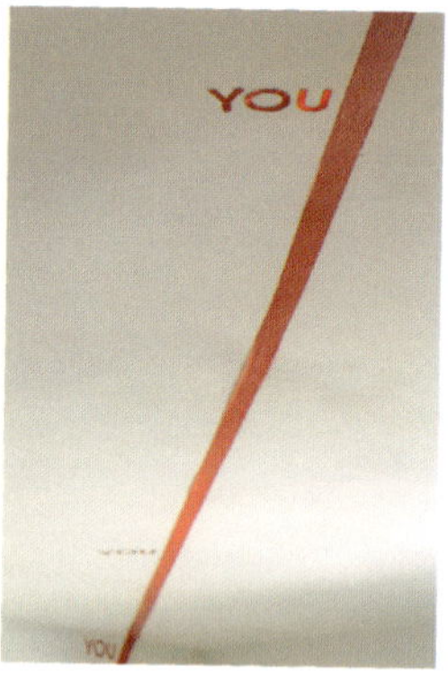

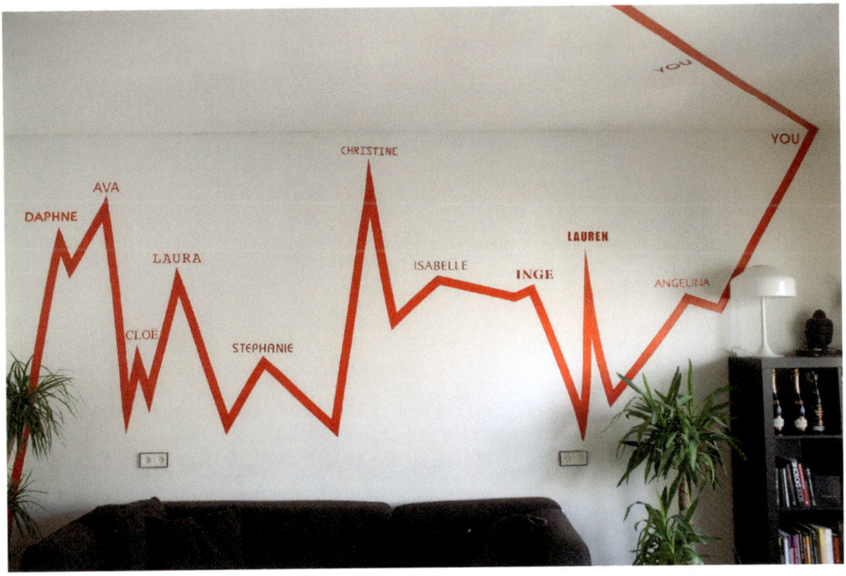
YOU
YOU
CHRISTINE
AVA
DAPHNE
LAUREN
LAURA
ISABELLE
INGE
ANGELINA
CLOÉ
STEPHANIE

13

Ne lui remettez pas en mains, collez-le!

Pourquoi lui remettre le cadeau en mains si vous pouvez tout aussi bien le coller au mur ou même au plafond ?

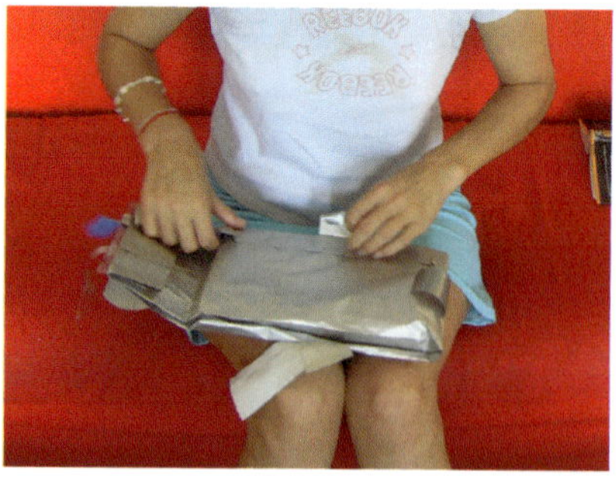

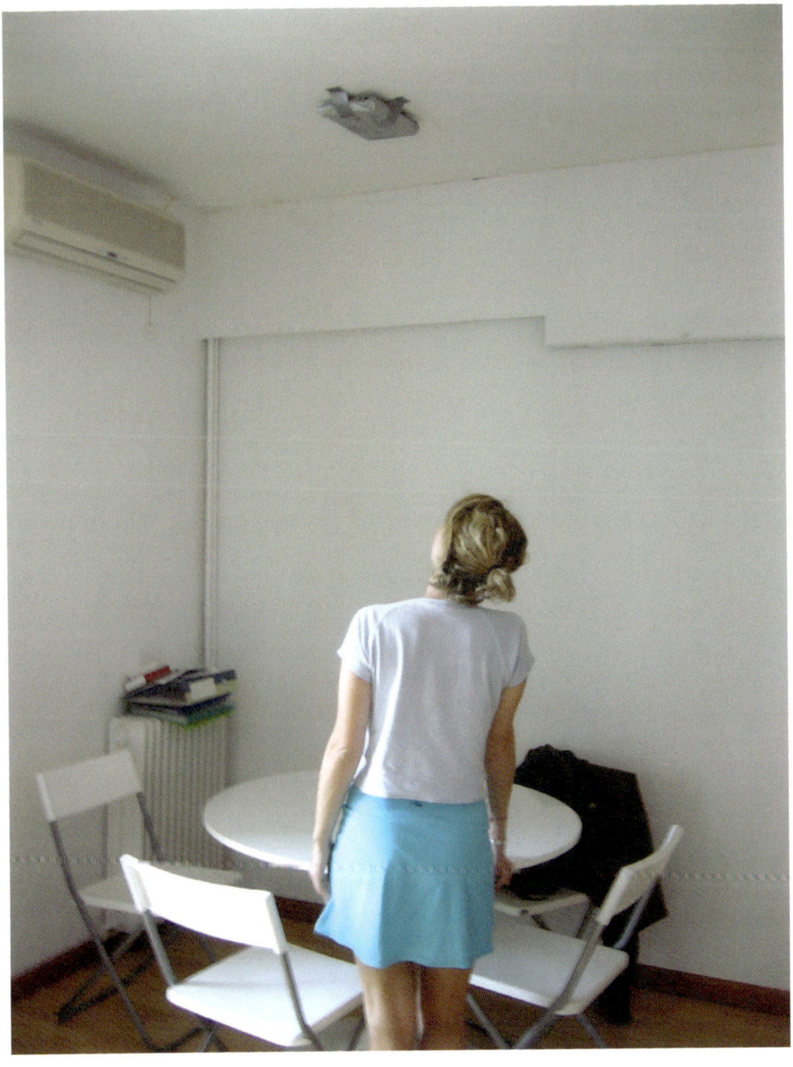

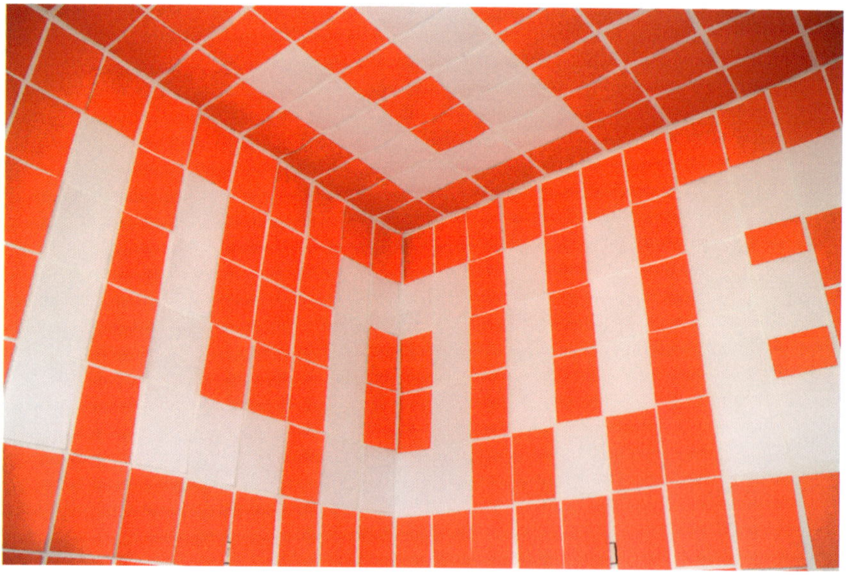

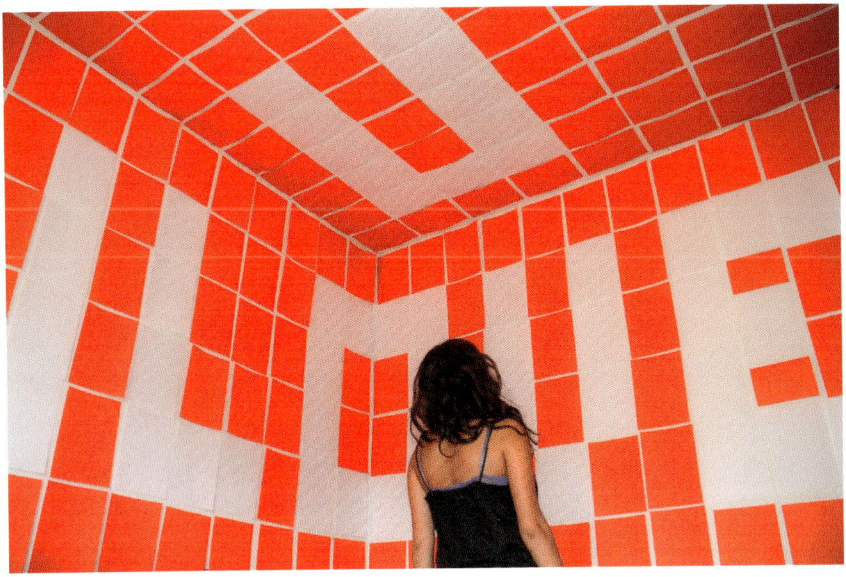

PARTIE 2

MANGE MON AMOUR

15

A table!

Cuisiner est un art, la présentation des plats aussi.

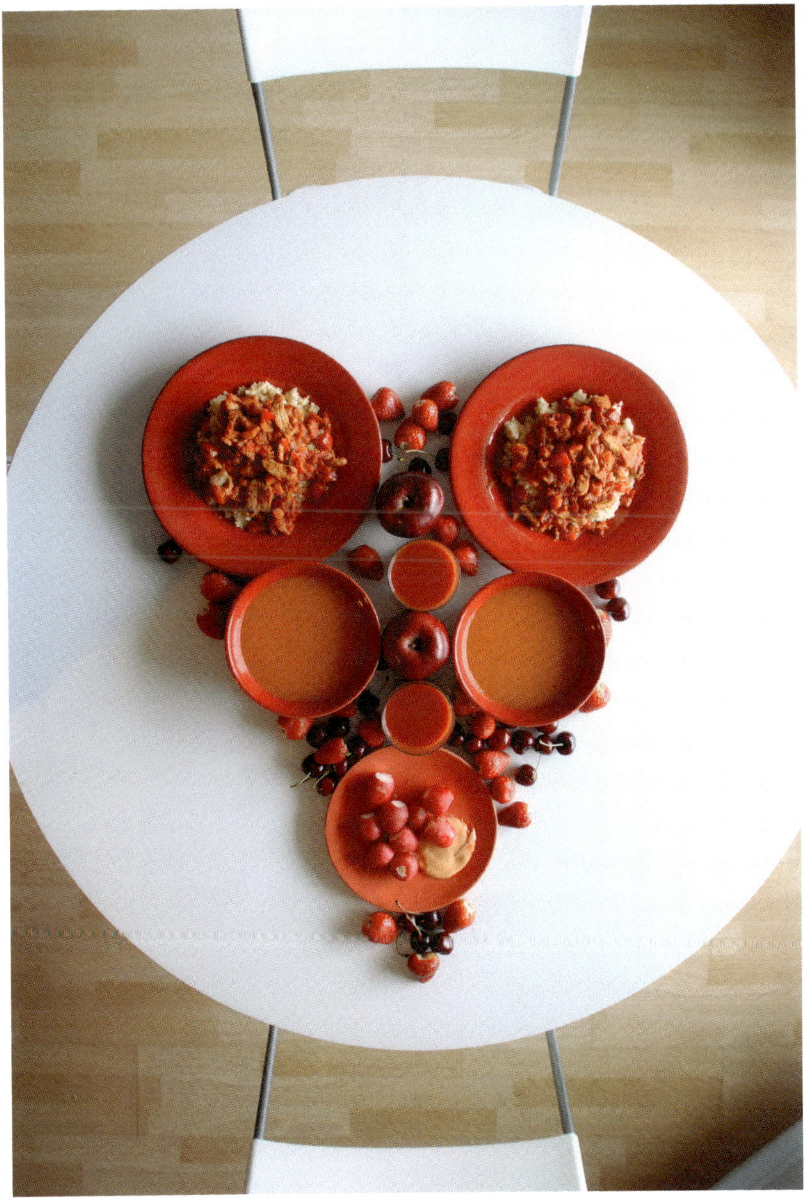

16

Ma bien-aimée gourmande.

Ce que vous voyez sur mon lit ne sont pas les draps mais des nappes en papier que j' ai tendues pour éviter de salir.

Par-dessus j'ai arrangé deux kilos de bonbons de toutes formes et couleurs pour composer un message d'amour pour ma princesse. Les surprises comestibles sont les meilleures. Après cette injection d'amour on s'est amusé à déguster les friandises. Finalement je suis devenu la sucette.

'Tu es la fille la plus douce que j'ai jamais rencontrée!!!'

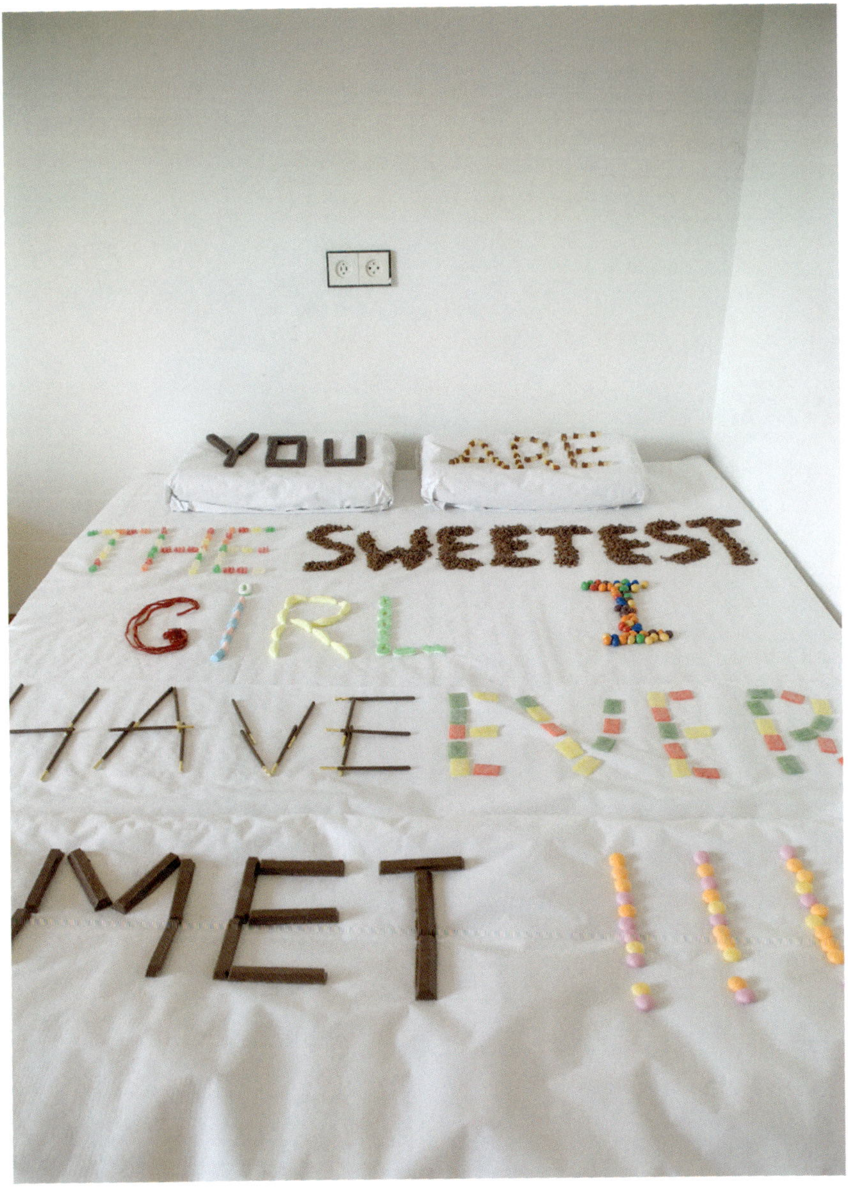
YOU ARE
THE SWEETEST
GIRL I
HAVE EVER
MET !!!

17

Je veux te manger bébé.

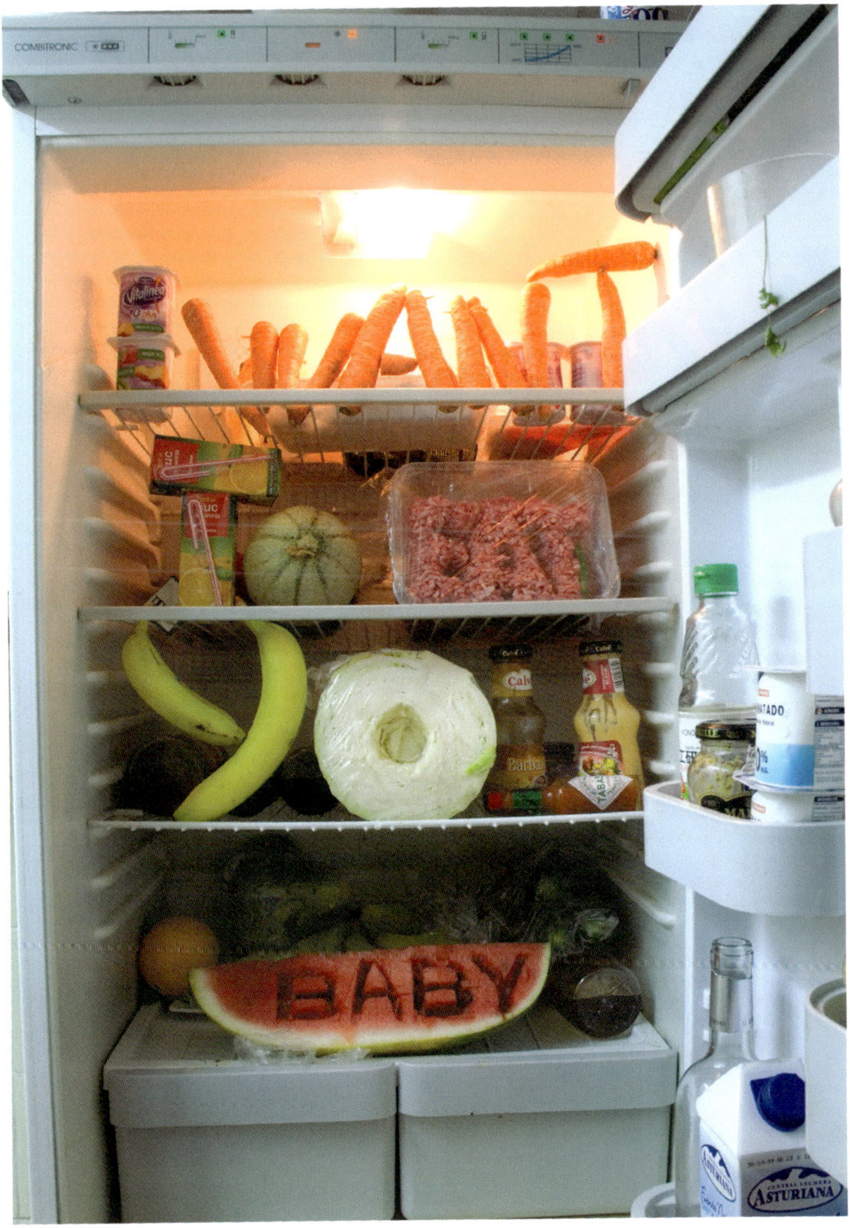
COMBITRONIC
WANT
BABY
ASTURIANA

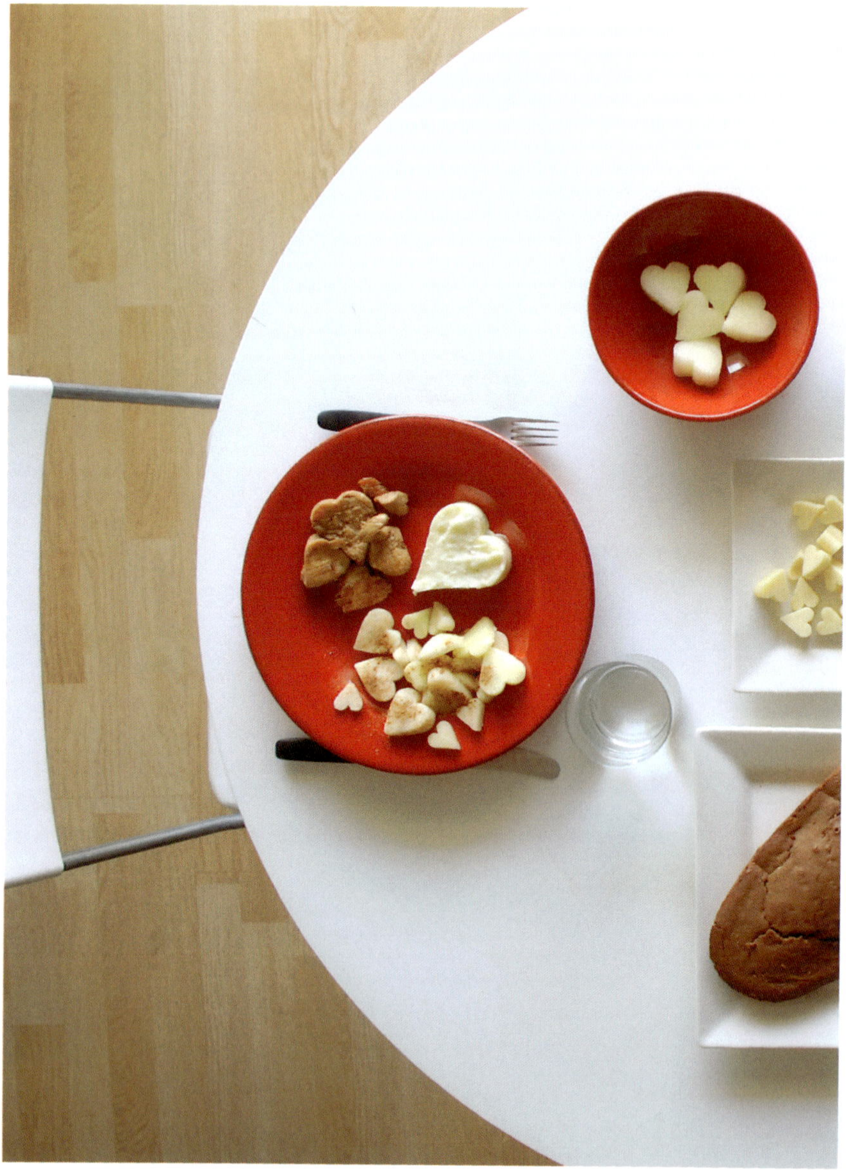

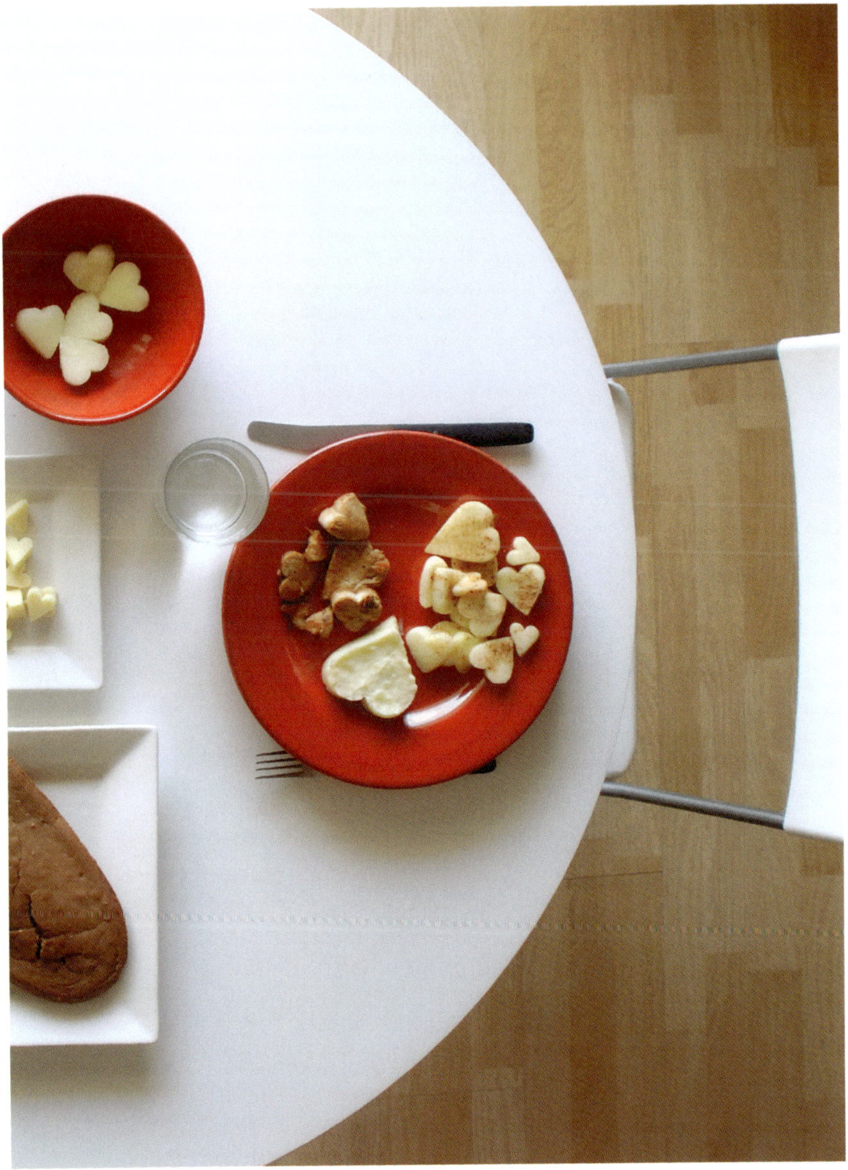

19

Tout est bien qui finit bien.

Une grande boîte de popcorn est l'endroit idéal pour cacher un petit cadeau. Attention! Ne laissez pas votre partenaire seule, car elle risquerait de mettre le cadeau en bouche et de l'avaler. Si vous ne voulez pas voir suffoquer votre amour assurez-vous que le cadeau est beaucoup plus grand que le popcorn!

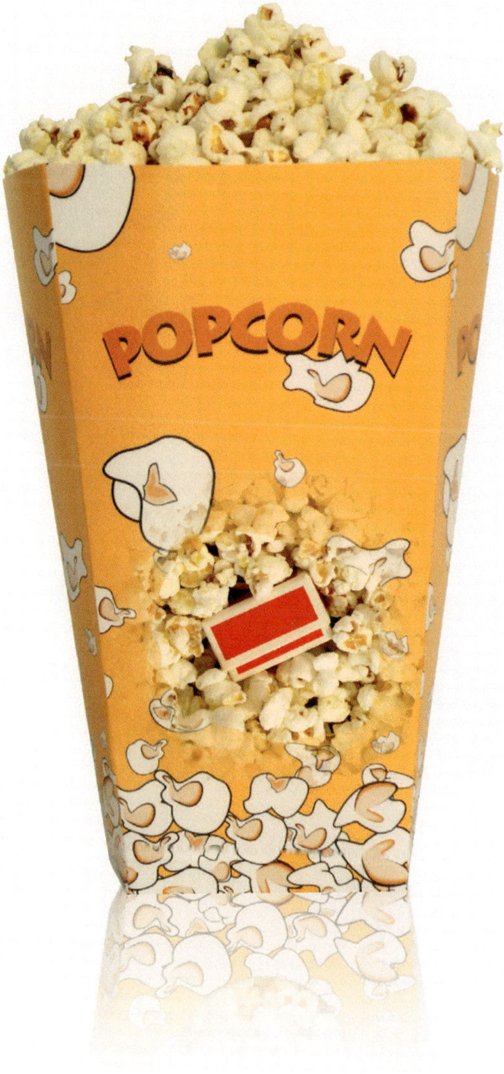
POPCORN

20

Des marques alternatives.

Epicer les étagères du supermarché local... C'était assez drôle de rentrer dans le supermarché avec 12 boîtes de conserves, de les placer au milieu de la nourriture pour chats et de ressortir les mains vides.

Tournez la page pour voir les étiquettes de plus près.

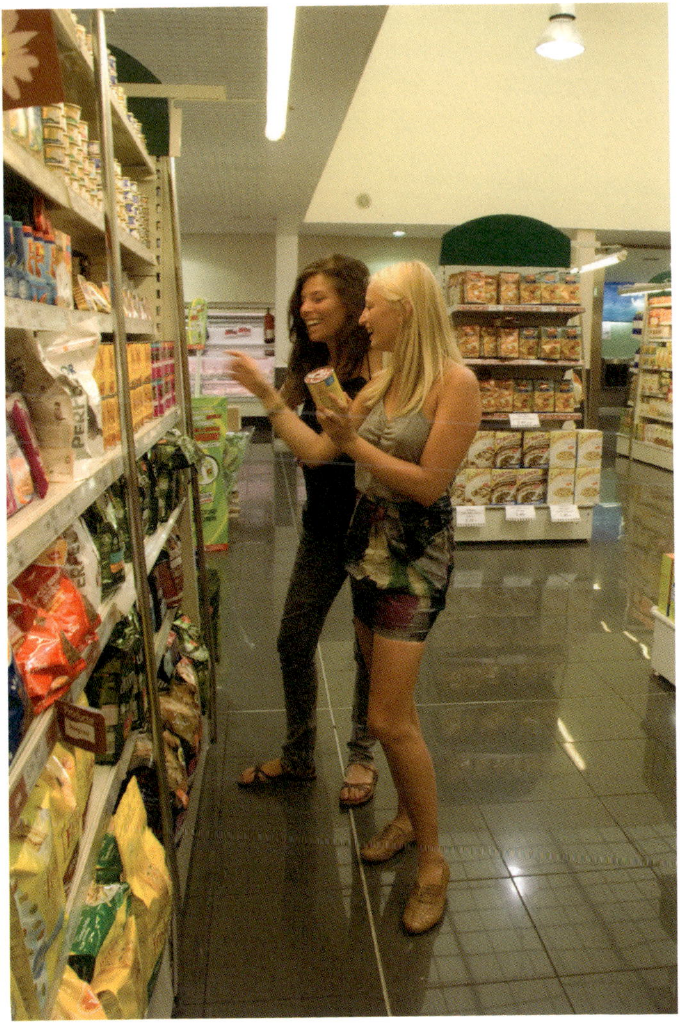

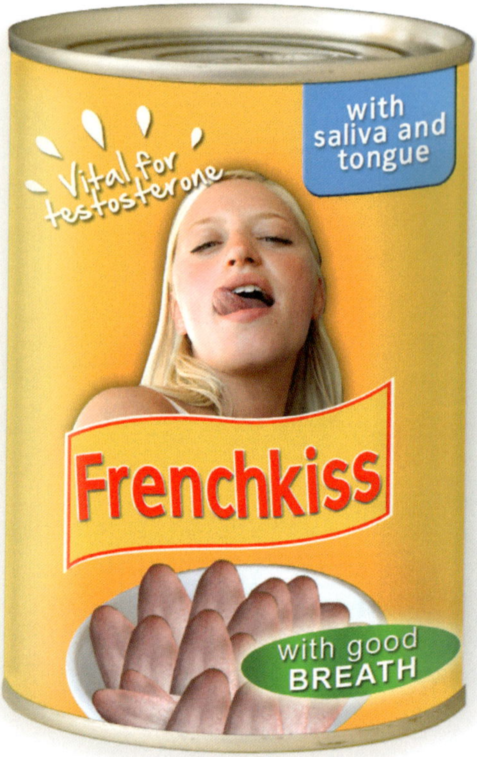

Contient de la salive et de la langue – vital pour la testostérone – baiser français – contient de l'haleine fraîche.

INGREDIENTS: salive et langue –les baisers sains sont les ingrédients importants de votre vie – Composition : langue 80%, salive 15%, bonne haleine, aromes, sucre

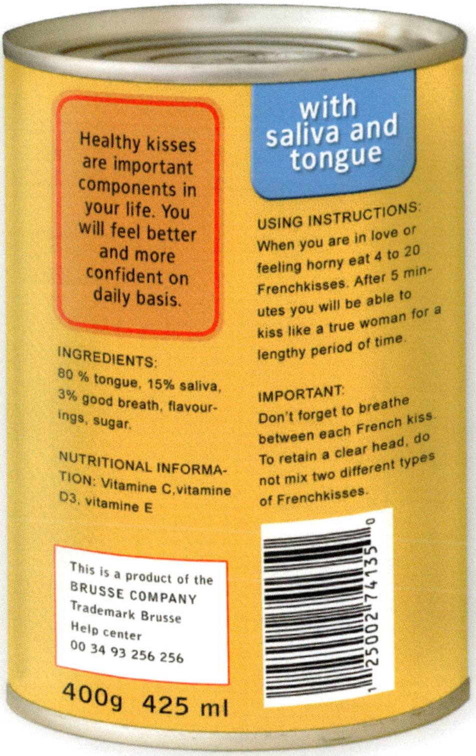

MODE D' EMPLOI : Quand vous êtes amoureuse ou que vous vous sentez 'excitée' mangez de 4 à 20 baisers français. Après 5 minutes vous serez capable d' embrasser pendant très longtemps comme une vraie femme !

IMPORTANT : N'oubliez pas de respirer entre chaque baiser français. Pour garder la tête lucide ne mélangez pas les deux types différents de baisers.

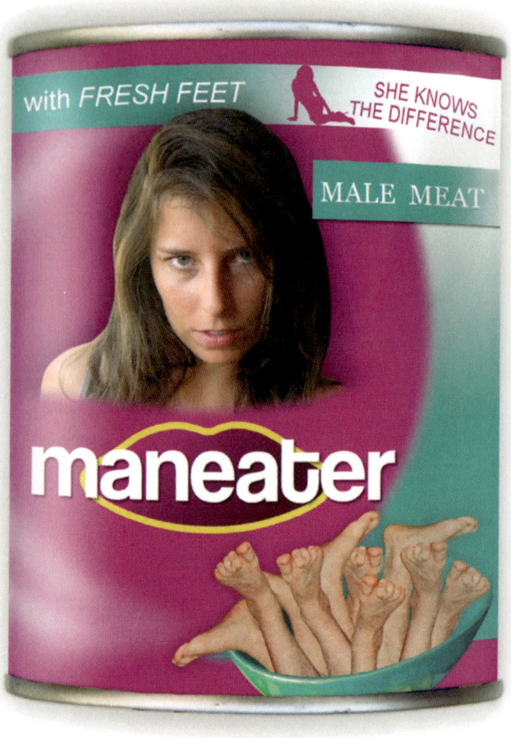

Mangeuse d' hommes. Contient des pieds frais. Elle connaît la différence.

Nourriture excellente pour jeunes filles qui veulent mâcher des hommes frais et sains afin de devenir plus fortes et plus indépendantes

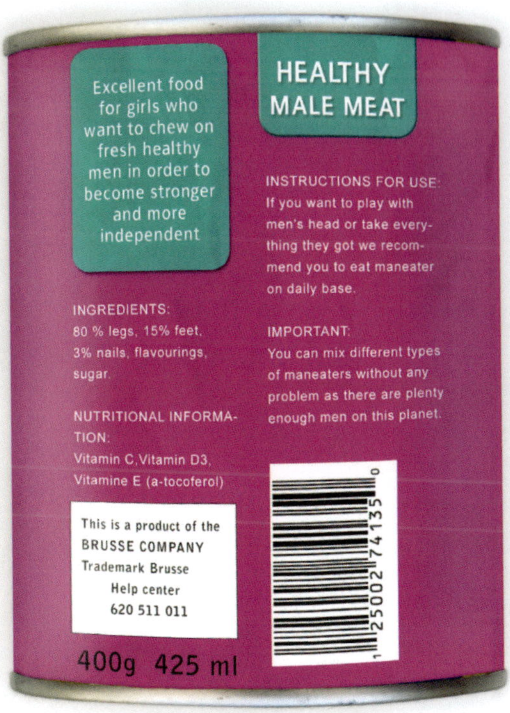

INGREDIENTS: jambes (80%), pieds (15%), aromes, sucre

INFORMATION NUTRICIELLE : vitamine C, vitamine D3, vitamine E (a-tocoferol)

MODE D'EMPLOI : vous pouvez mélanger différents types de mangeuses d'hommes sans aucun problème. Il y a suffisamment d'hommes sur cette planète.

21

Chocolove.

Achetez une boîte de caramels et ouvrez-la soigneusement. Faites de même pour chaque emballage de caramels. Découpez des petits morceaux de papier sur lesquels vous inscrirez de jolis mots. Remballez chaque caramel avec son message et remettez le tout dans la boîte. Refermez la boîte soigneusement pour qu'elle reprenne son aspect neuf.

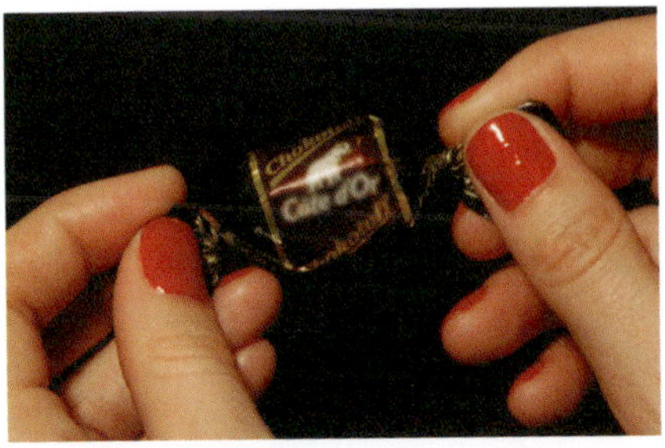

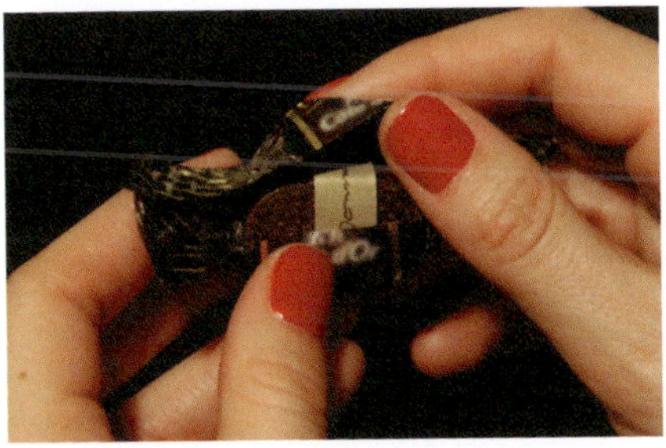

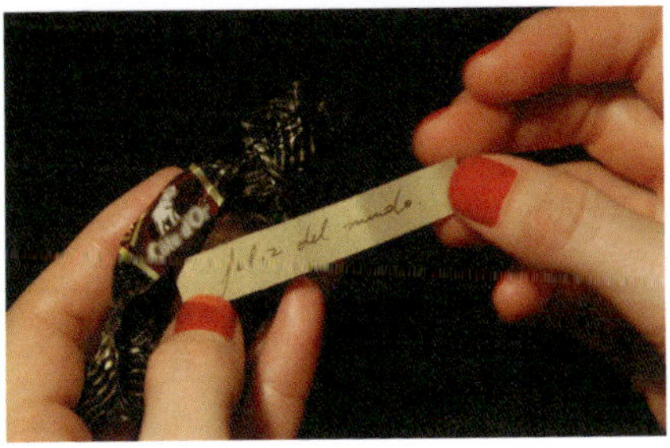
feliz del mundo.

22

Overdose d' Aphrodisiaque.

La meilleure recette au monde: du champagne, des huîtres, des artichauts, des fraises, des raisins, des noix et des poires trempées dans du chocolat. Huit aphrodisiaques en tout. Je sais que la poire n'en n'est pas un, mais quand vous l'aurez mélangée au chocolat chaud elle en deviendra un. Essayez, cela en vaut la peine !

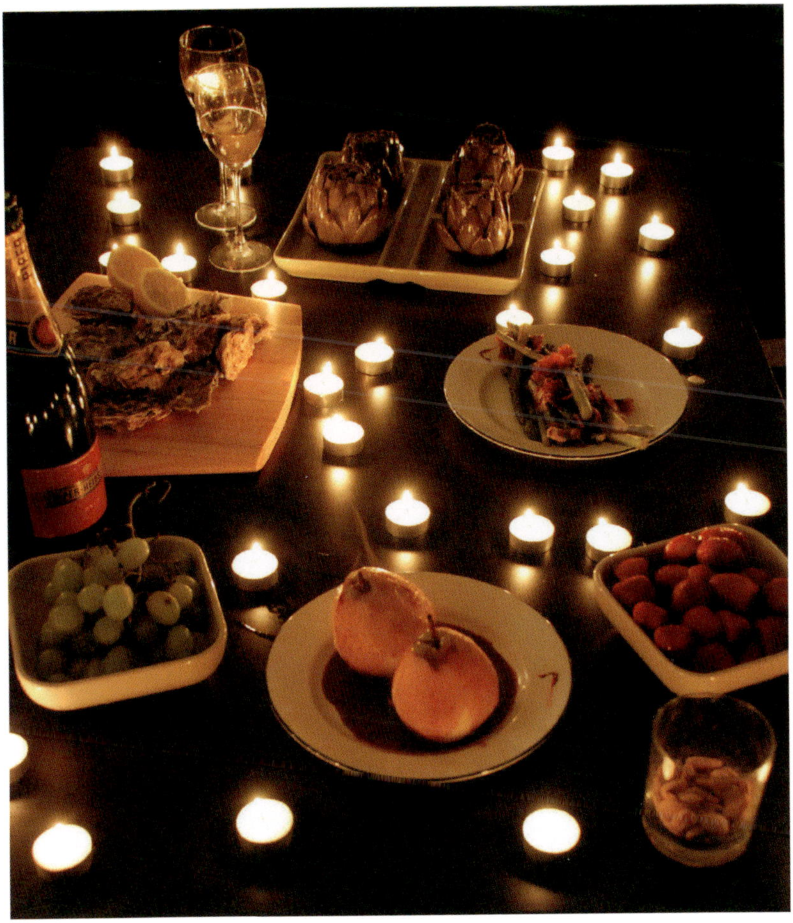

PARTIE 3

AMOUR ALPHABET

23

Notez-le.

J'achetais les plus fines feuilles de papier que je pouvais trouver et j' y inscrivais de belles phrases d'amour. Puis j'enroulais ces messages autour de l' intérieur de stylos à bille que je faisais ensuite glisser dans le grand sac à main de ma petite amie pour qu'ils puissent y vivre leur propre vie.

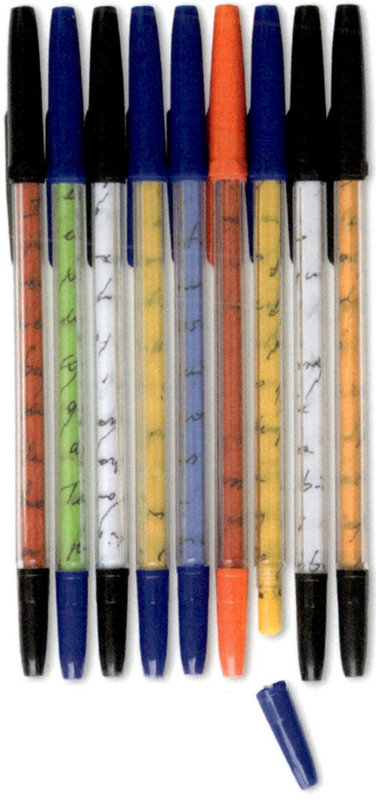

24

Les garçons d' anniversaire.

C' était l' anniversaire d' une de mes copines. J' espérais qu'enfin les garçons d' anniversaire pourraient faire leur travail. J'en façonnais 15 en tout. Chaque petit bonhomme avait son caractère! Ils s' étaient cachés un peu partout dans la maison. Je me rendais très vite compte que certains d'entre eux ne se comportaient pas normalement. Il y avait des obsédés sexuels, des alcooliques, des mecs romantiques... Toute la bande était représentée.

'Attention les gars...Voilà la birthday girl '

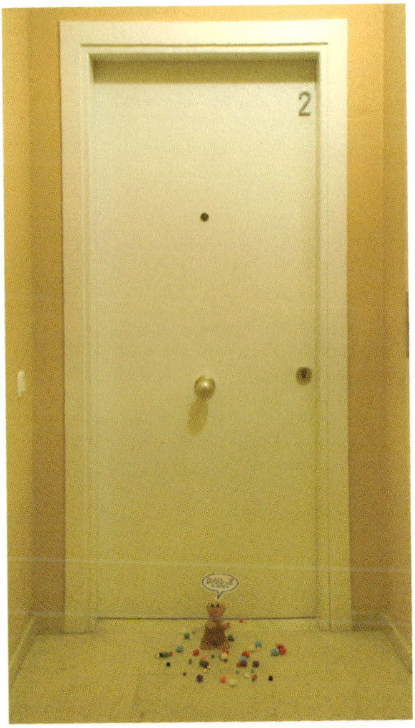

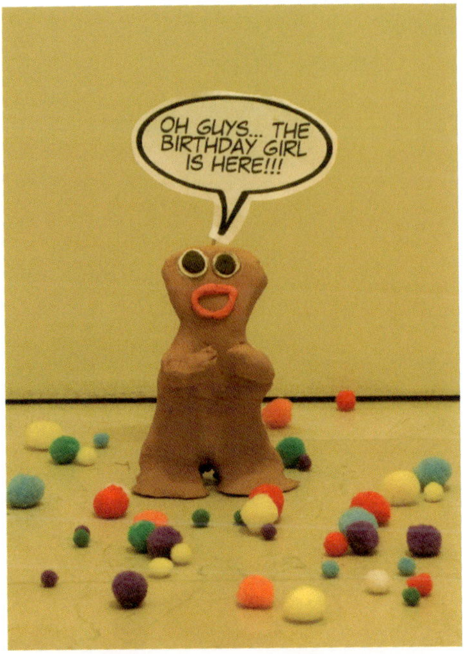

OH GUYS... THE BIRTHDAY GIRL IS HERE!!!

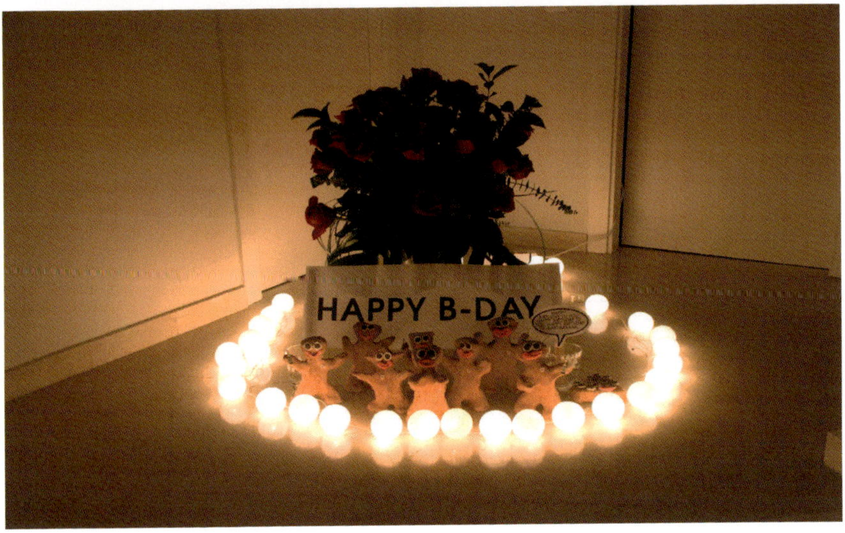

HAPPY B-DAY

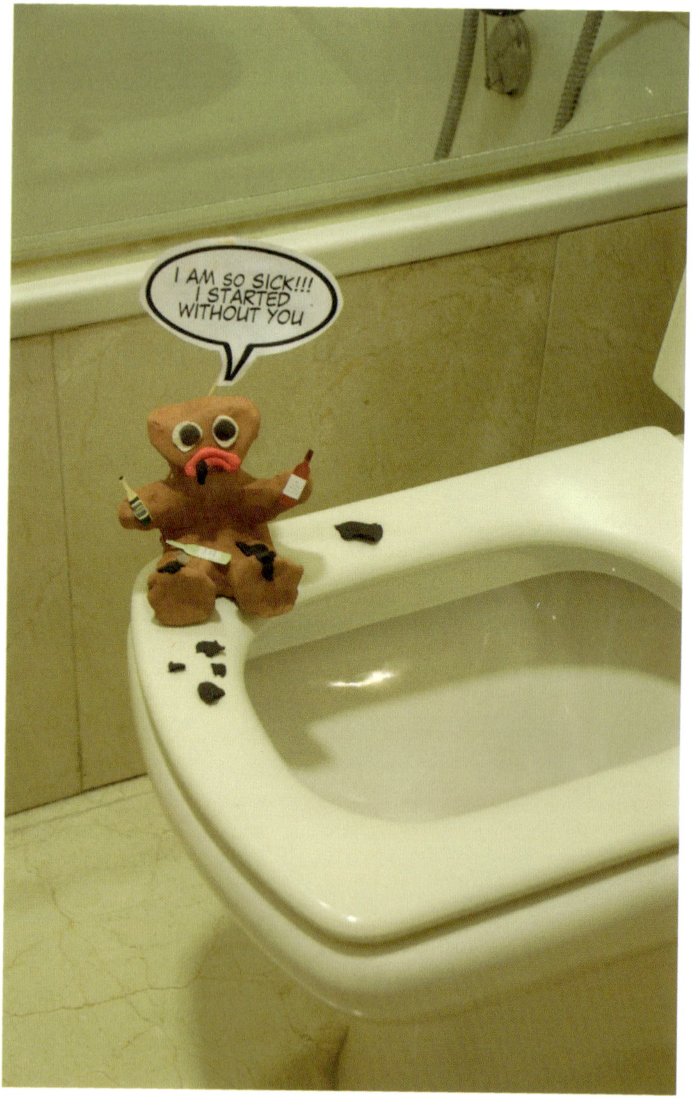

'Je suis malade comme un chien!!!
J' ai commencé sans toi.'

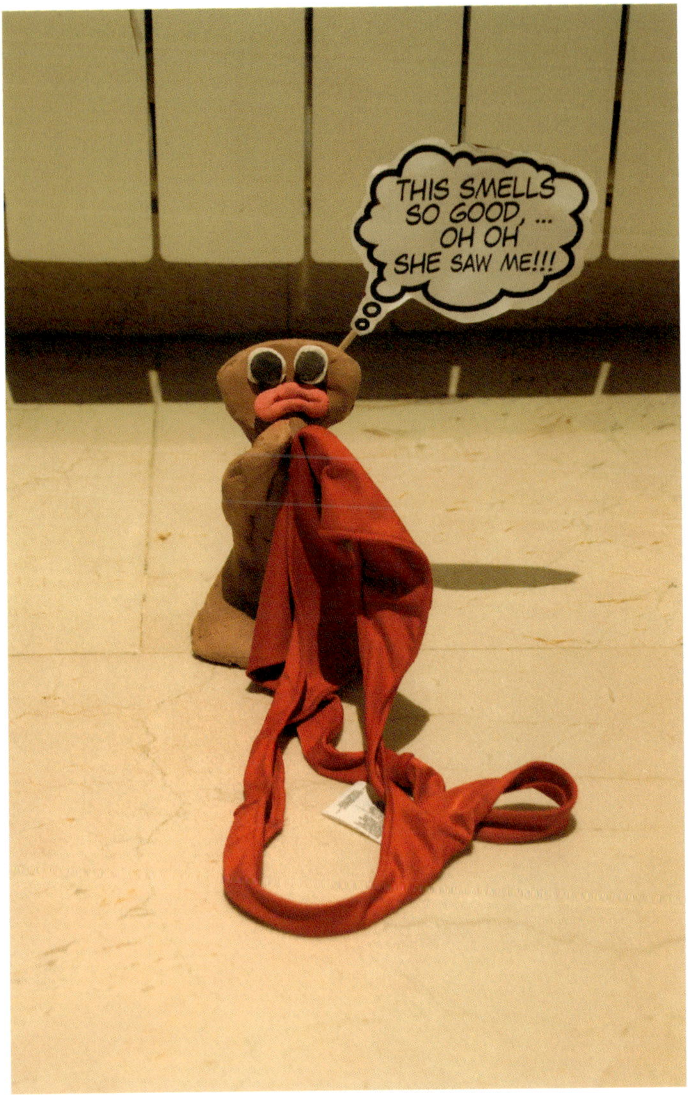

'Que ça sent bon,...
Mon Dieu, elle m' a vu!!!'

25

Les bulles.

Non, je ne me suis pas servi du Photoshop pour créer ces deux images. Les bulles ont été suspendues par du fil nylon. C'est simple : il ne vous reste qu'à attendre le bon moment. Les bulles font tout le travail pour vous.

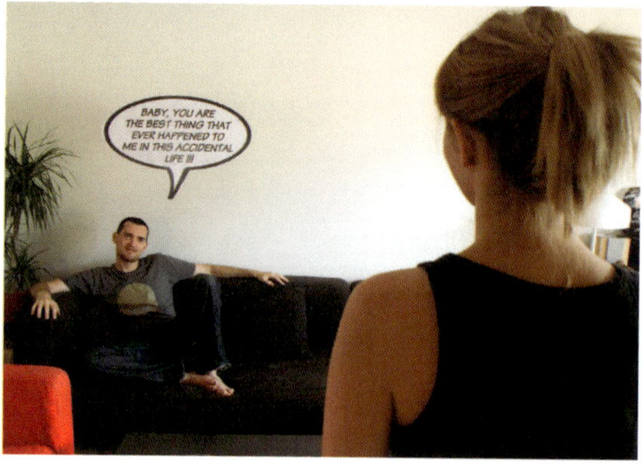

'Bébé, tu es le meilleur qui me soit arrivé dans ma vie fortuite!!!'

'Est-ce un rêve ou est-elle vraiment si belle?'

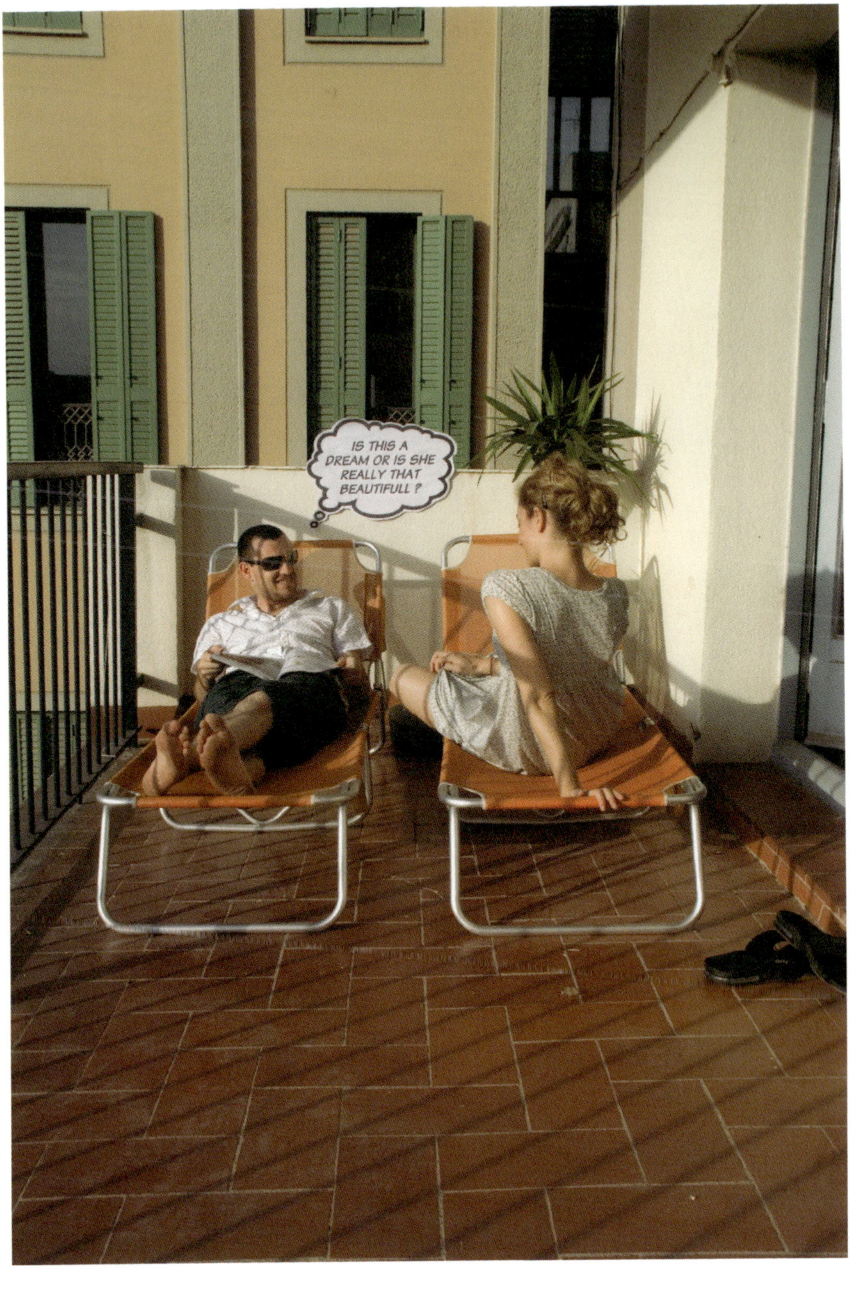
IS THIS A DREAM OR IS SHE REALLY THAT BEAUTIFULL ?

26

Mick ne t'a pas connue...

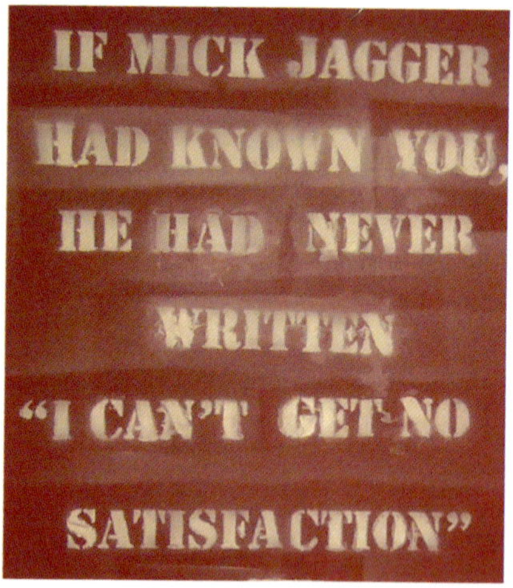

Si Mick Jagger t'avait connue, il n' aurait jamais écrit : 'I can' t get no satisfaction.'

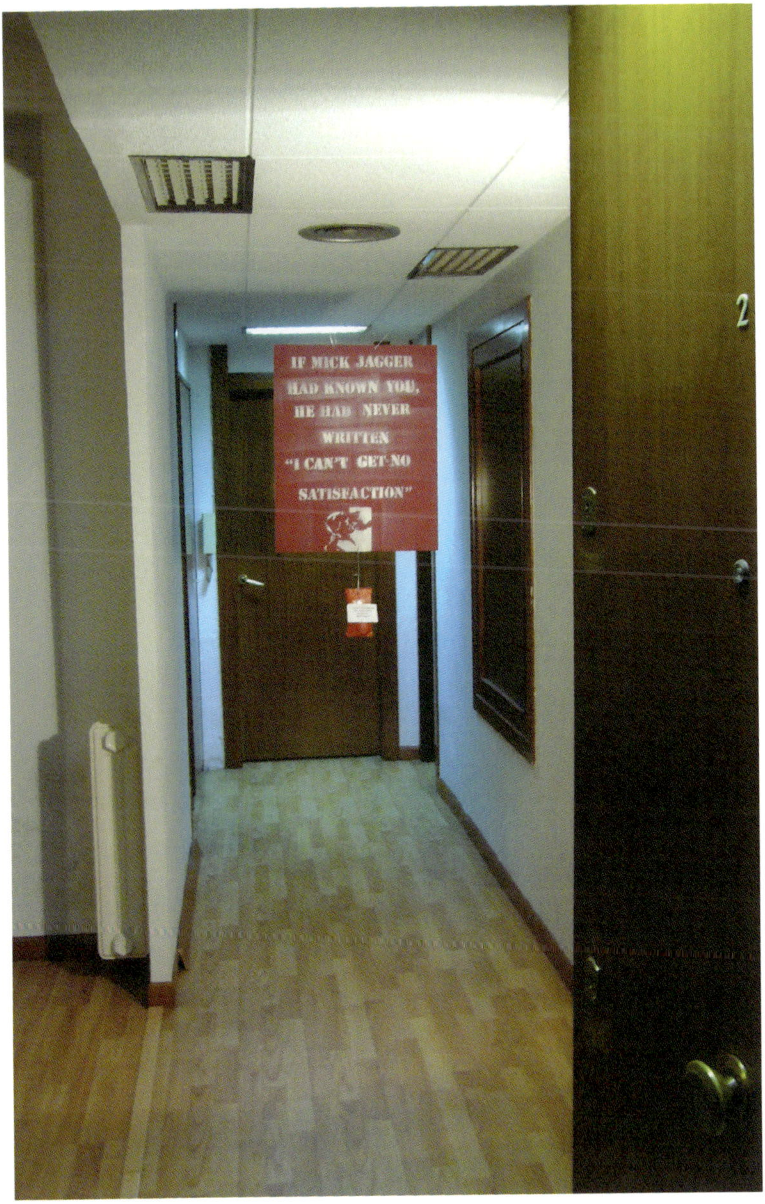
IF MICK JAGGER
HAD KNOWN YOU,
HE HAD NEVER
WRITTEN
"I CAN'T GET-NO
SATISFACTION"

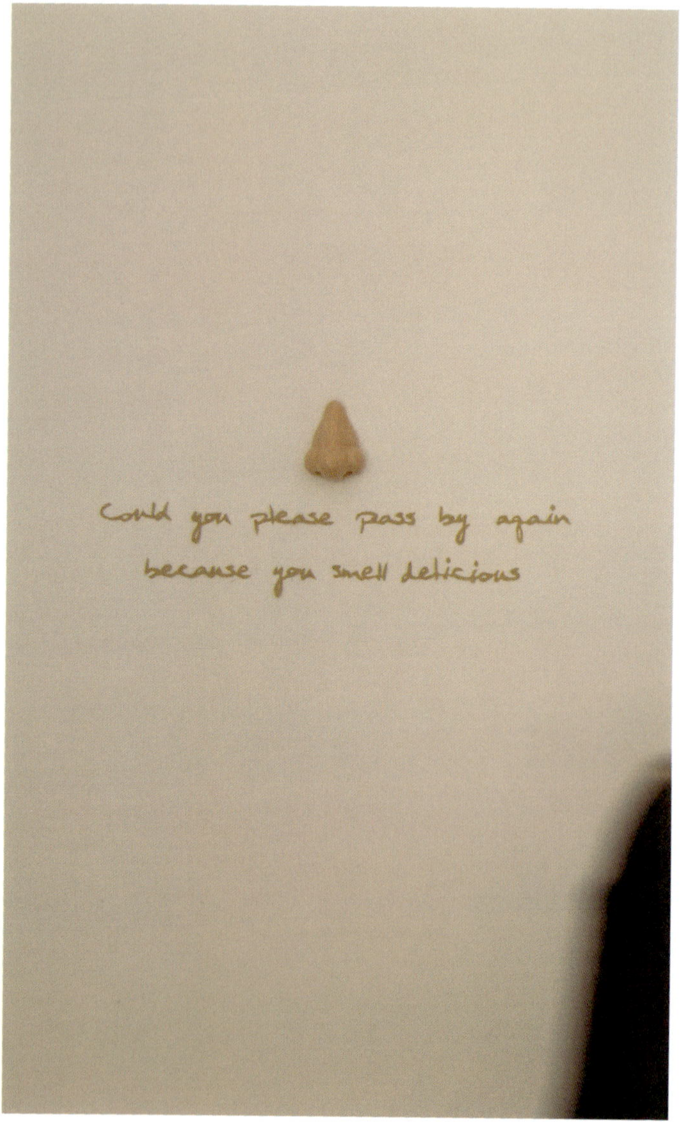

'Pourrais-tu passer une fois de plus? Tu sens si bon!'

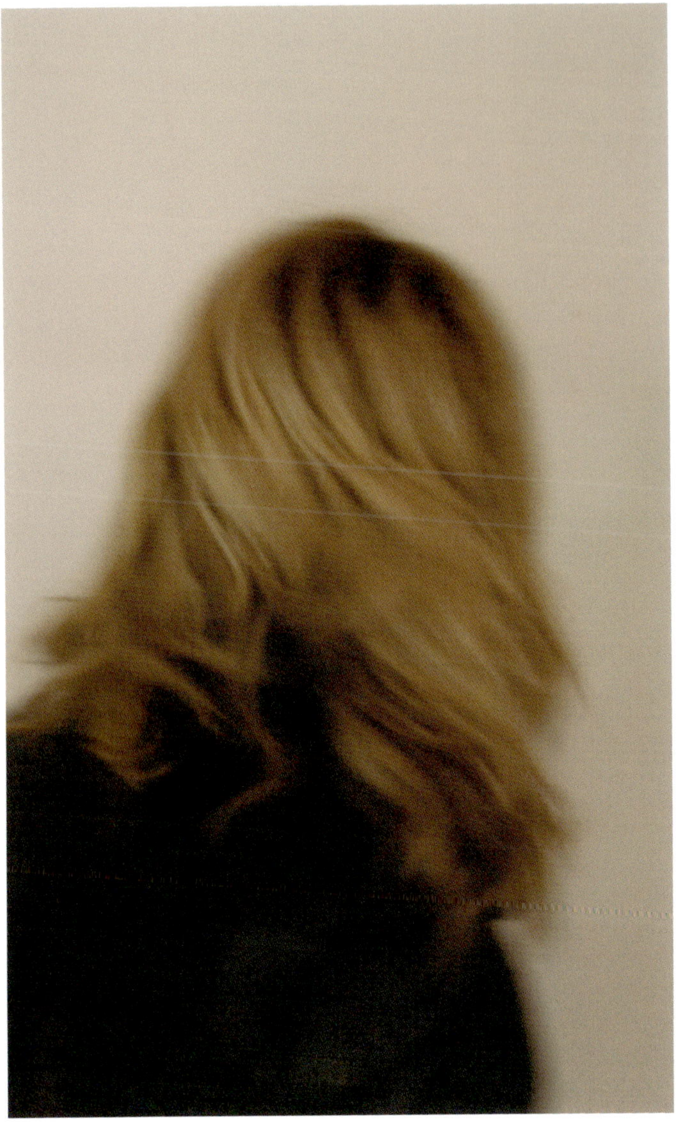

28

Pouvoir des fleurs.

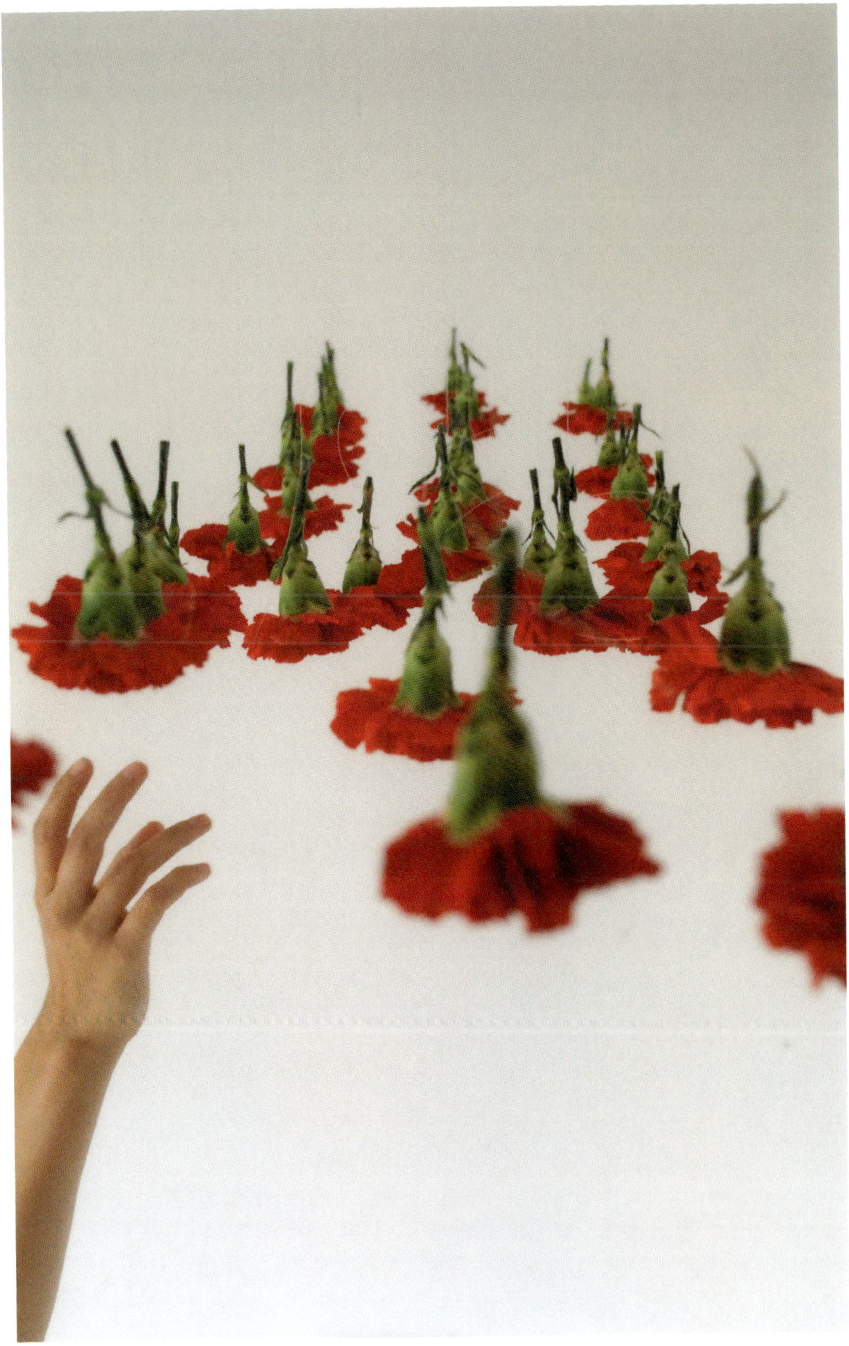

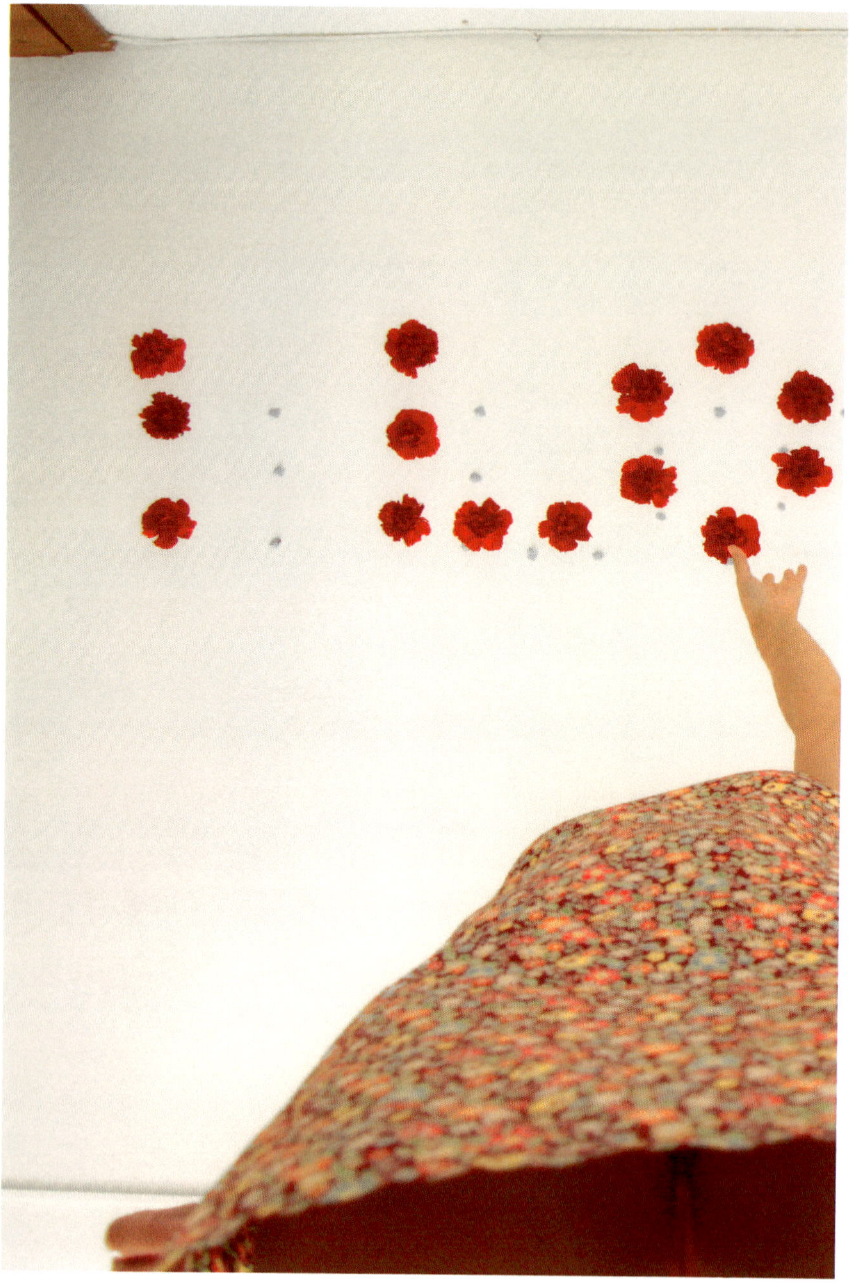

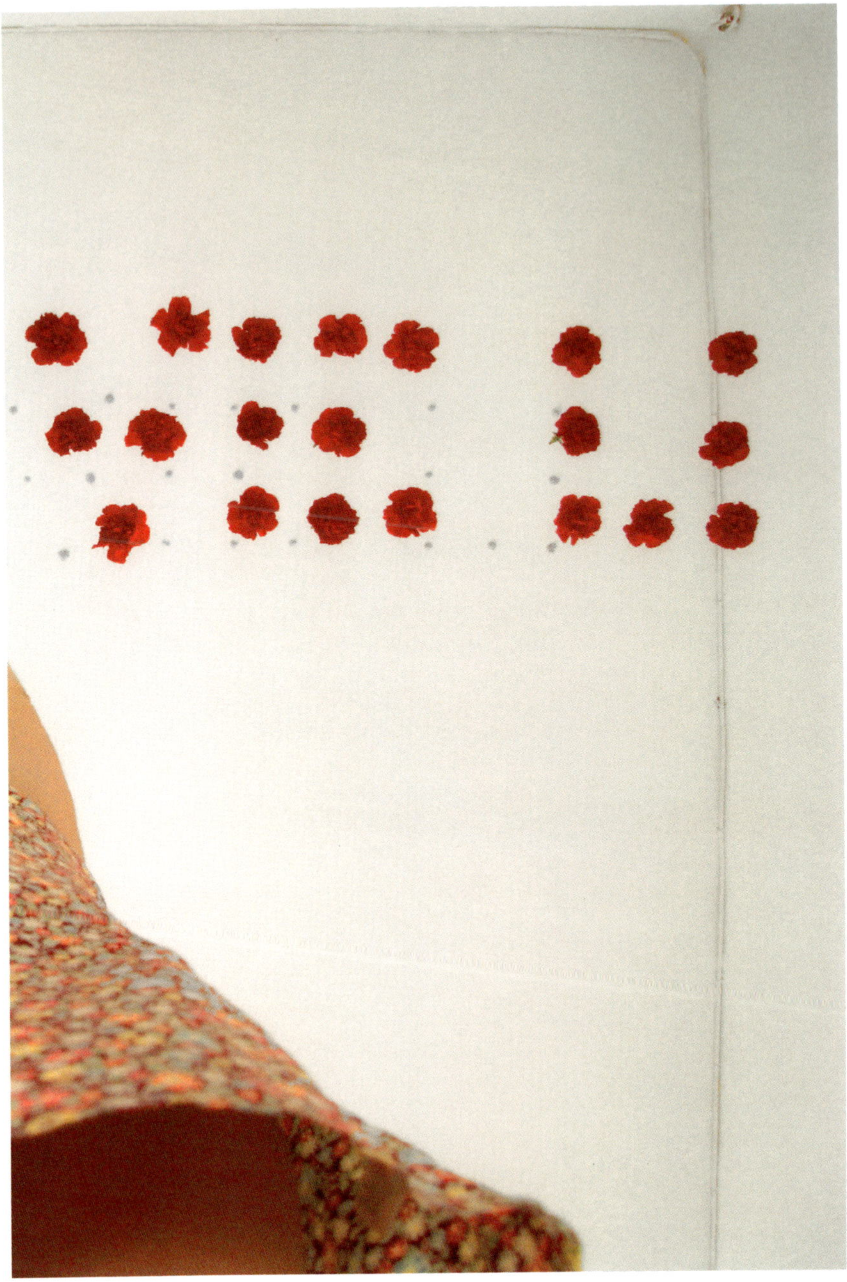

29

Les mini-phrases.

Vous découpez les lettres de l'alphabet et votre imagination fera le reste.

'Tu me montres chaque angle de notre amour.'

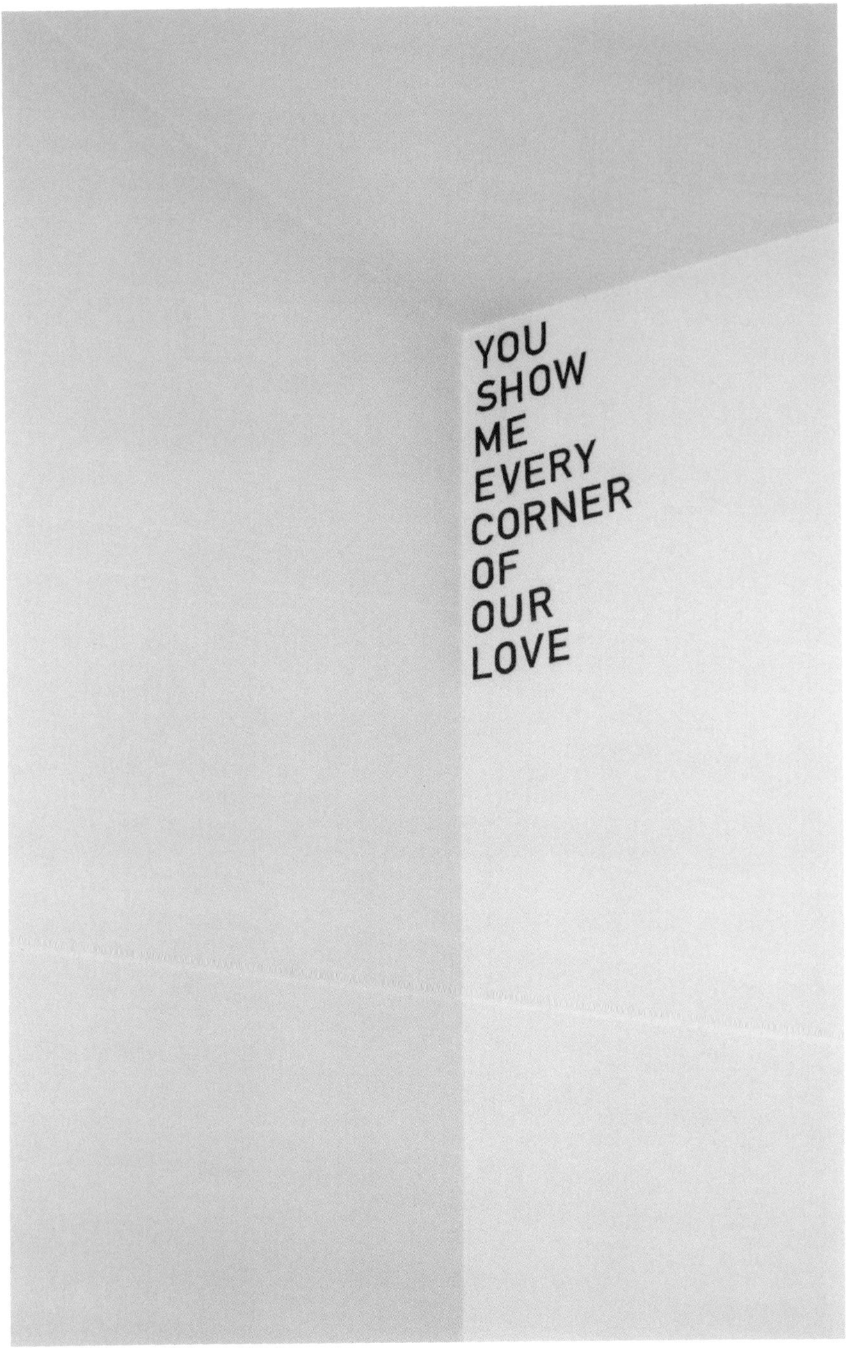
YOU
SHOW
ME
EVERY
CORNER
OF
OUR
LOVE

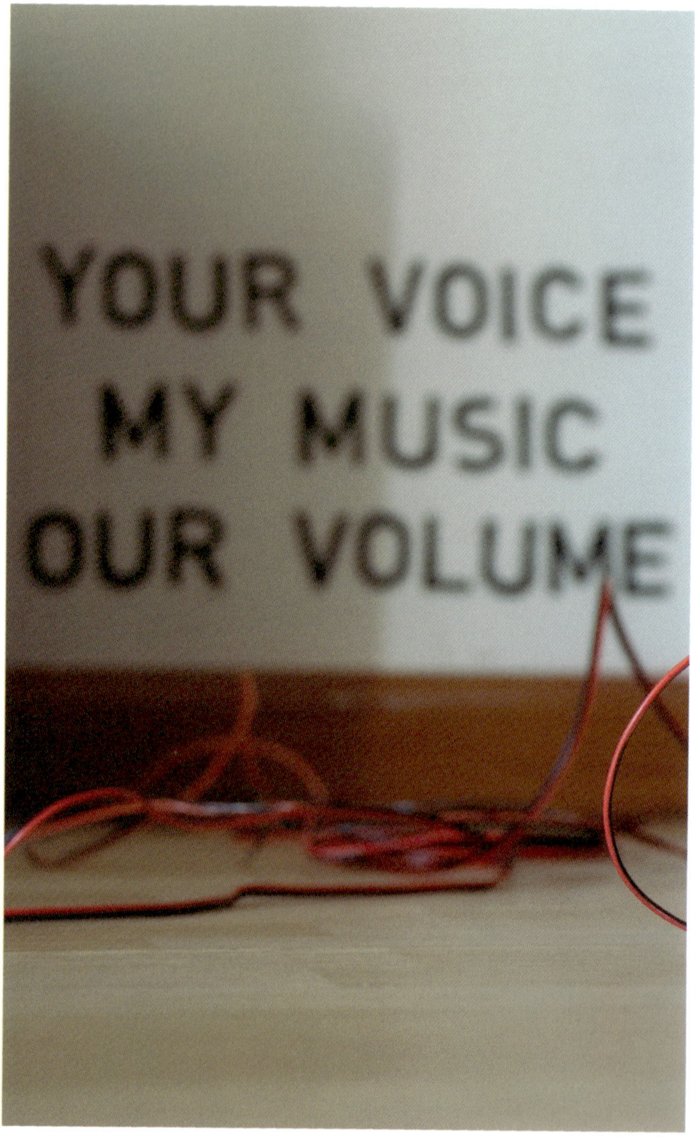

'Ta voix, ma musique, notre volume.'

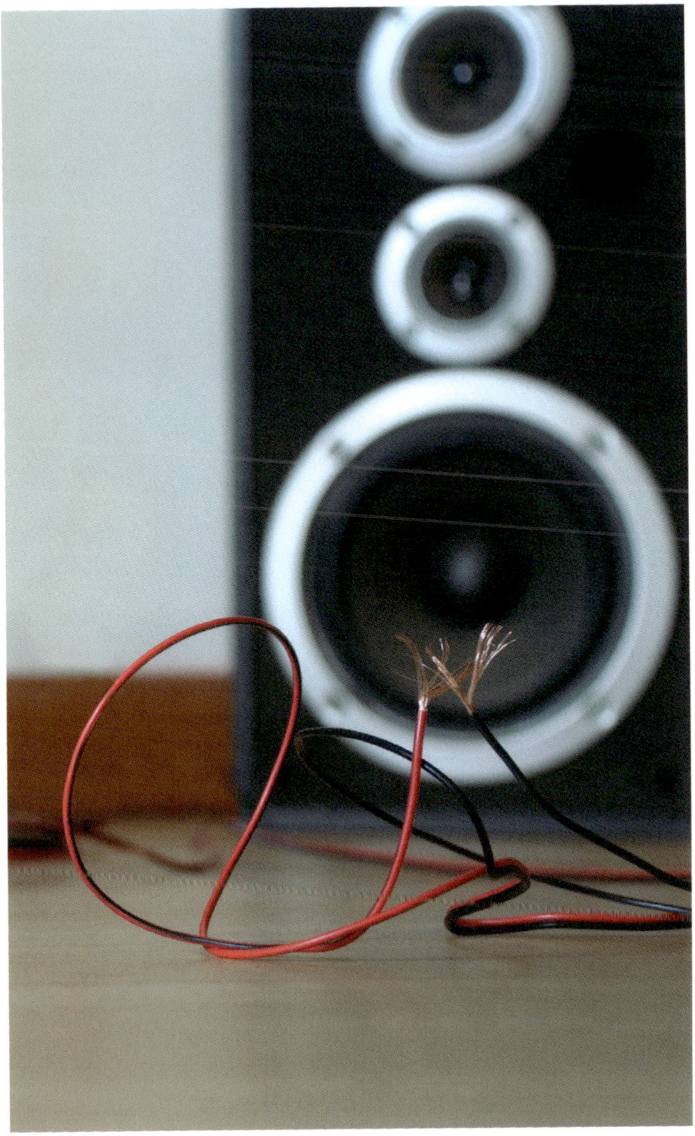

31

Mega messages.

Les post-it sont beaucoup trop petits pour communiquer des messages importants. Si vous voulez exprimer un sentiment, la taille de votre post-it doit être en proportion avec l'importance de votre message.

`Lait,
poule
bière
fromage
fraises
alliance de mariage
salade'

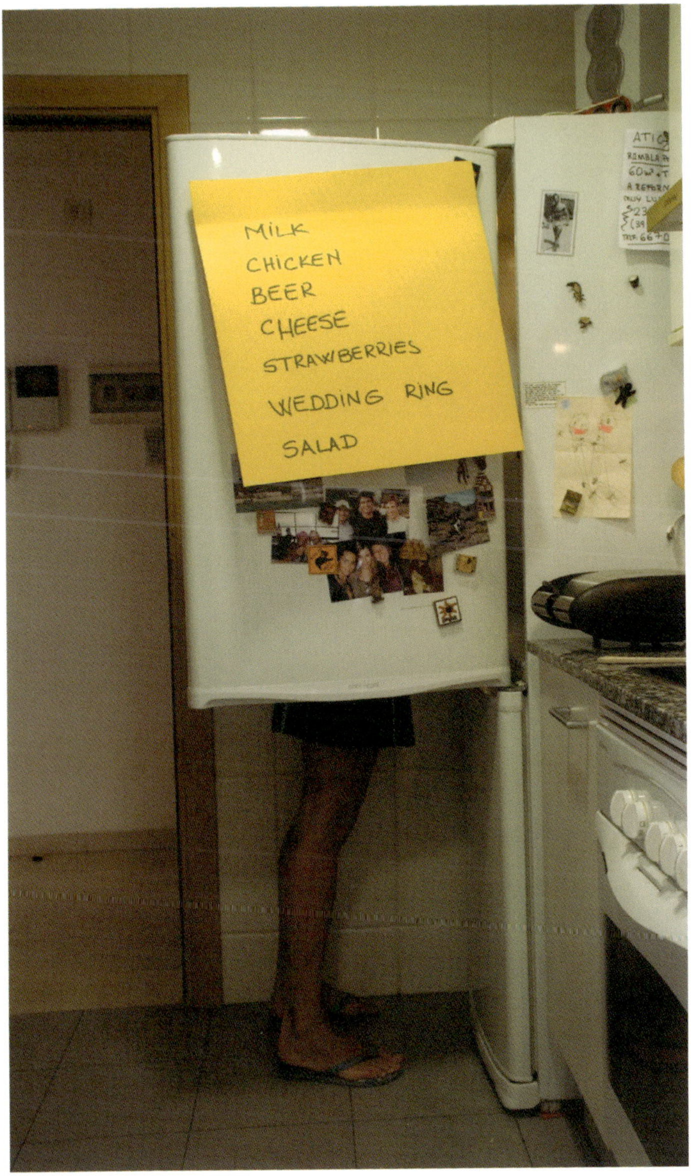
MILK
CHICKEN
BEER
CHEESE
STRAWBERRIES
WEDDING RING
SALAD

32

La chambre chaude.

Il ne vous faut que 400 bougies et 3 briquets. Je savais que toutes les bougies allumées donneraient beaucoup de chaleur, mais il commençait à faire beaucoup plus chaud que je ne l' aurais pensé. Par contre, je ne savais pas non plus que les 400 bougies développeraient autant de smog qu' à « Mexico City » pendant un jour de chaleur. Après 10 minutes, plus moyen de respirer..., cela devenait vraiment dangereux pour les poumons! Disons que ma surprise m' avait surpris !

'Tu es tellement...'

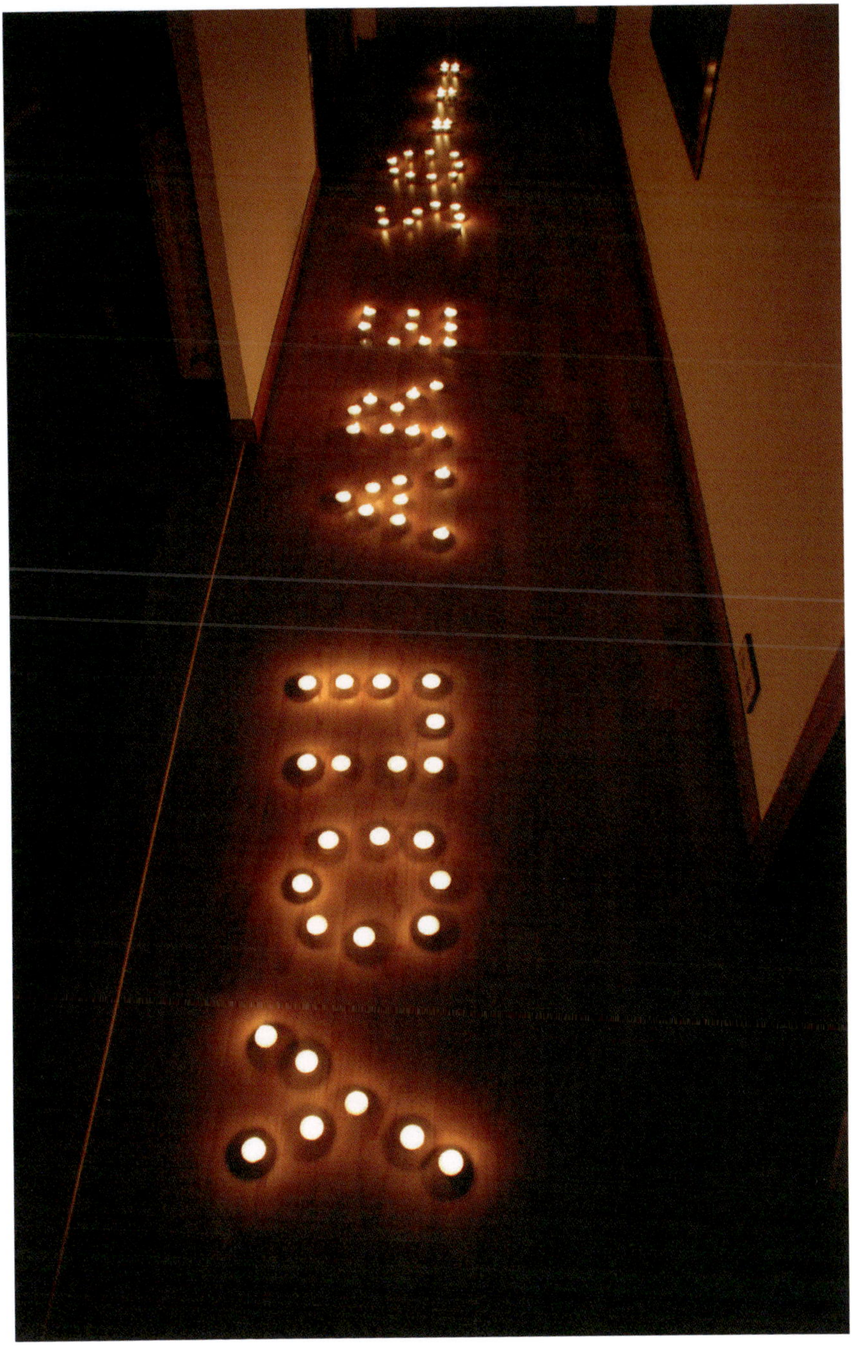

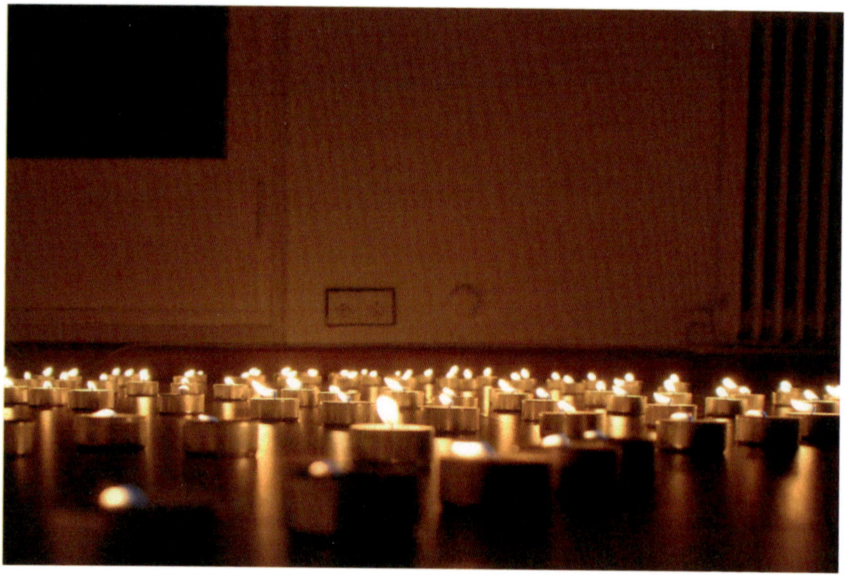

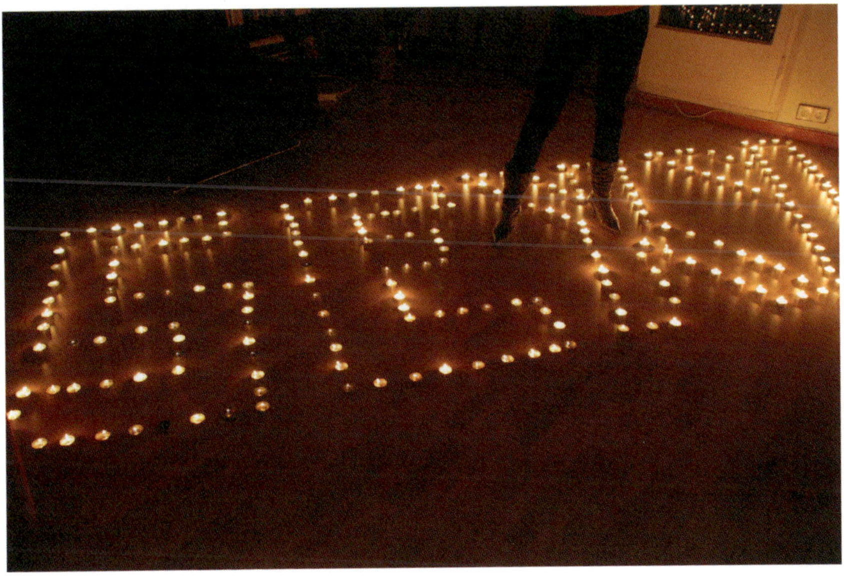

33

Ecrivez avec de la lumière.

Dans une pièce totalement noire vous prenez une source de lumière en main. Puis vous mettez la vitesse d'obturation de votre appareil photographique sur 30 secondes et vous écrivez.

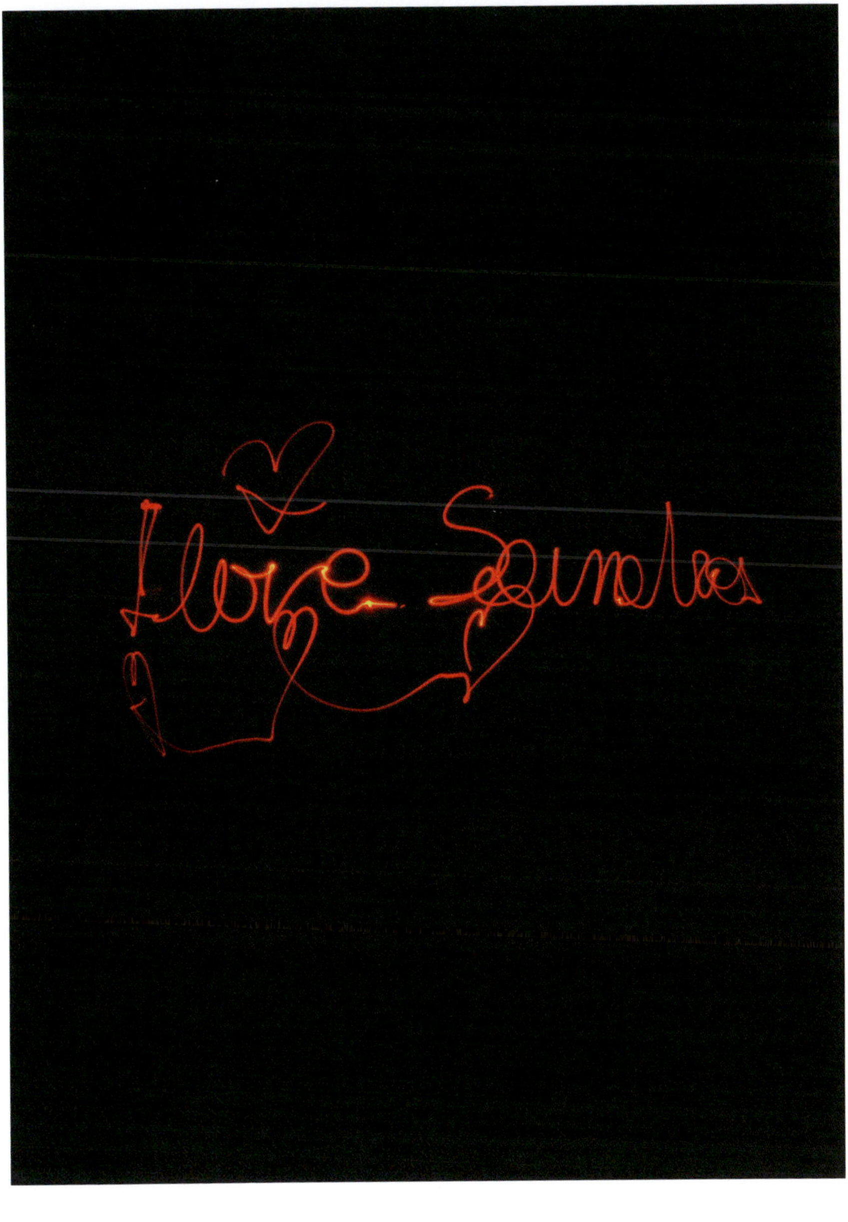

PARTIE 4

JE T'AIME DE TOUT MON CORPS

34

New York? En effet!

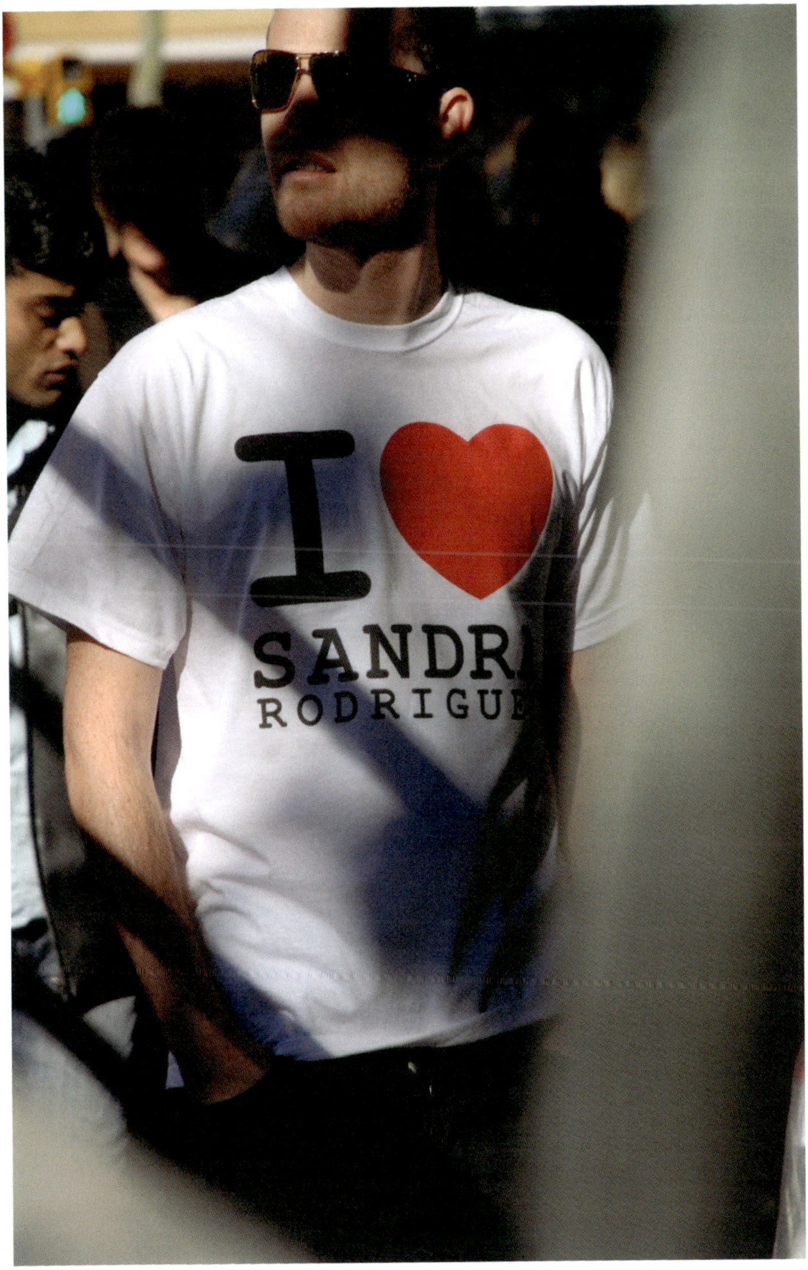
I
SANDR
RODRIGUE

35

Les boîtes de l' amitié.

Tout a commencé par une lettre qui contenait des instructions pour elle. J'avais posé cette lettre par terre près de la porte d'entrée de notre appartement. Le temps passait et elle ne réagissait pas. Je lui téléphonais pour avoir des explications. Que s' était-il passé? Elle avait ouvert la porte et avait marché sur la lettre. Je ne parvenais pas à la croire. Alors je l'ai mise au courant de mon message Son aventure allait commencer. J'avais contacté trois amis communs. Chaque ami recevait un coffret et un masque. Je leur demandais d' y déposer un cadeau de leur choix ainsi qu'un message la concernant. Le fait qu'ils glissent un petit cadeau dans cette boîte y a ajouté une touche personnelle nous offrant un voyage intime.

La page suivante vous montre ce qu'elle a vu quand les trois amis ont ouvert la porte.

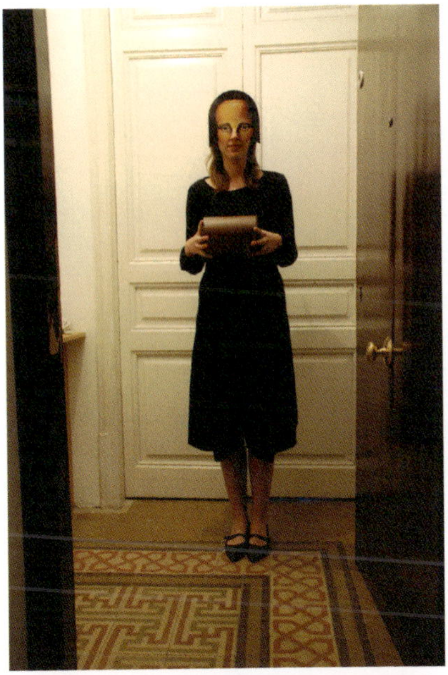

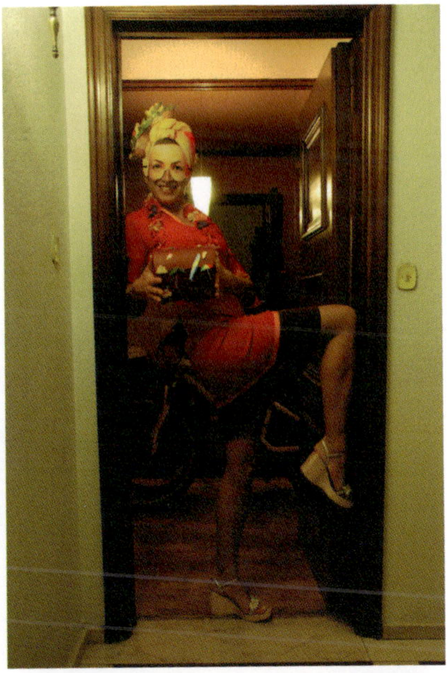

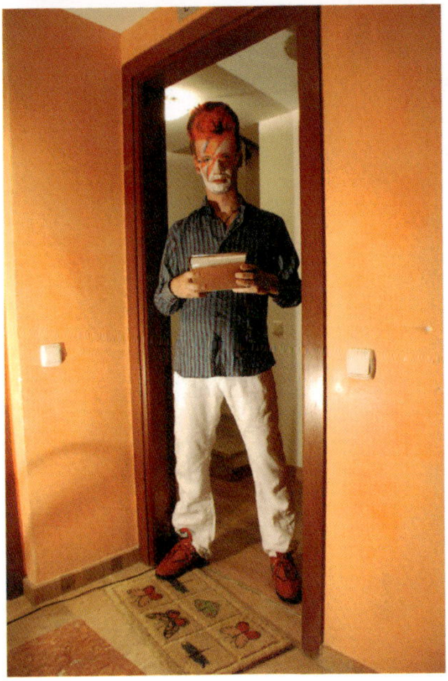

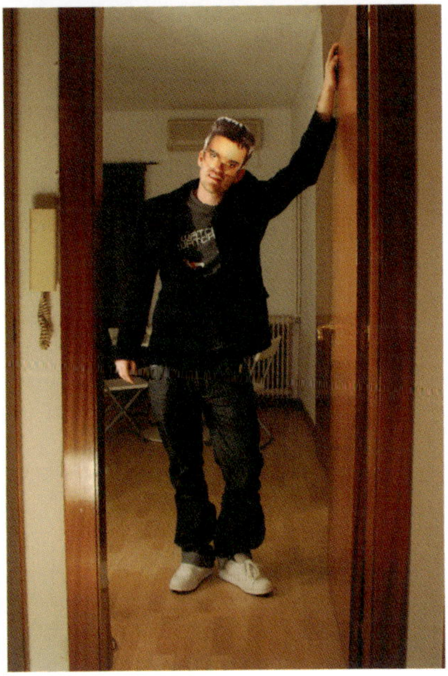

36

Cœur et veines.

J'avais demandé à une amie de dessiner un cœur détaillé sur ma poitrine, ainsi que des messages d'amour représentant les artères. Pendant qu'elle exécutait son travail, une autre copine était en grande conversation avec mon amie. Sur le chemin du retour ma bien-aimée me demande de la serrer dans mes bras. Je refuse. Elle se fâche, pensant que j' ai honte de marcher à ses côtés dans la rue.

Arrivé à la maison je commence à me plaindre. Elle n' y porte pas grande attention. Après un certain temps je lui dis que j'ai vraiment très mal au cœur et l'invite à donner un bisou à cet endroit pour atténuer ma douleur. Quand j' ai relevé mon t-shirt, elle n'en revenait pas... Il y avait de l' amour dans l' air !

Ecoutez les phrases de ma passion :
- L' organe que j' aime le plus t'aime le plus.
- Mon cœur bat pour 80 pour cent pour toi et 20 pour cent pour moi.
- Chaque battement me rappelle ma passion pour toi.
- Mon sang circule deux fois plus vite quand je pense à toi.

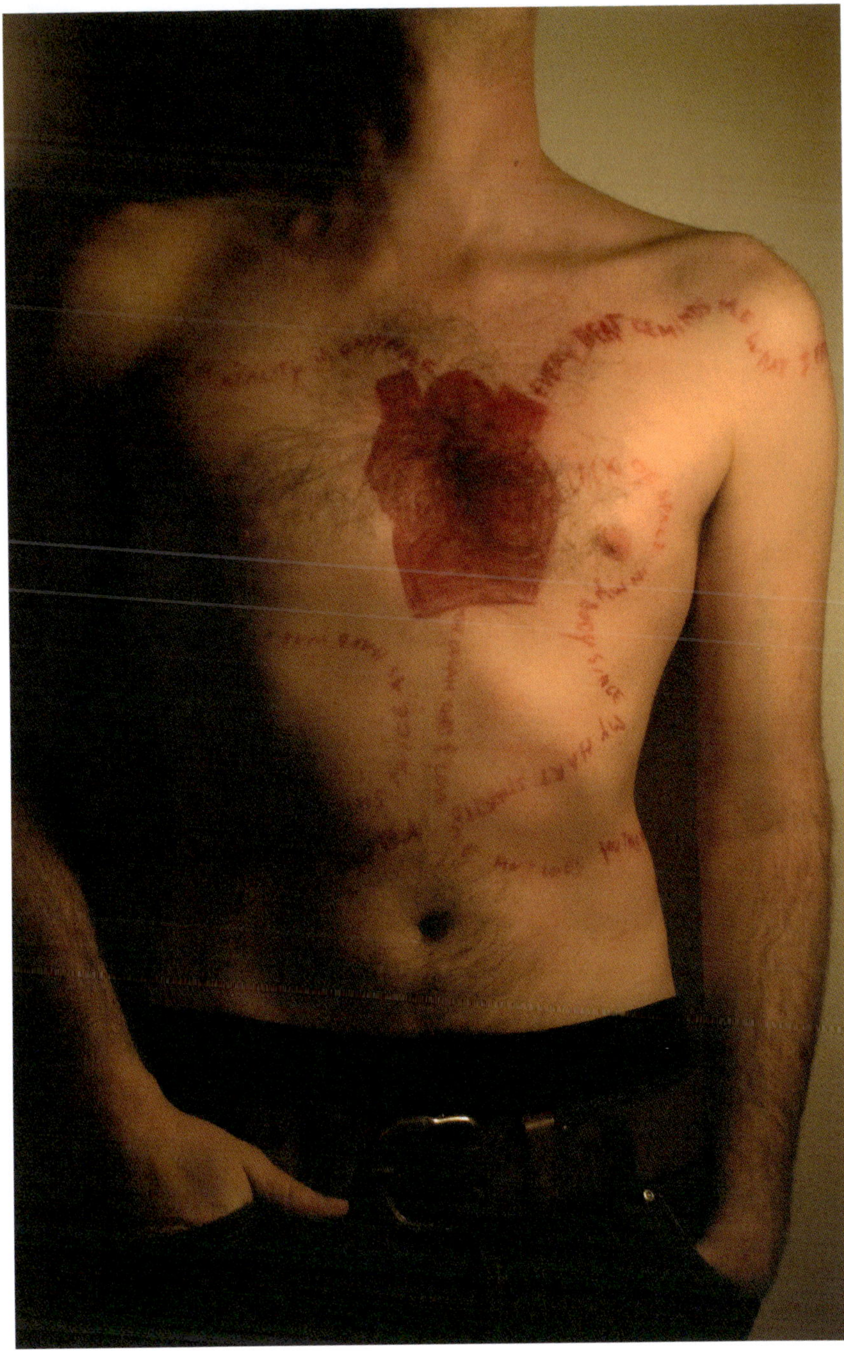

37

Un faux tatouage.

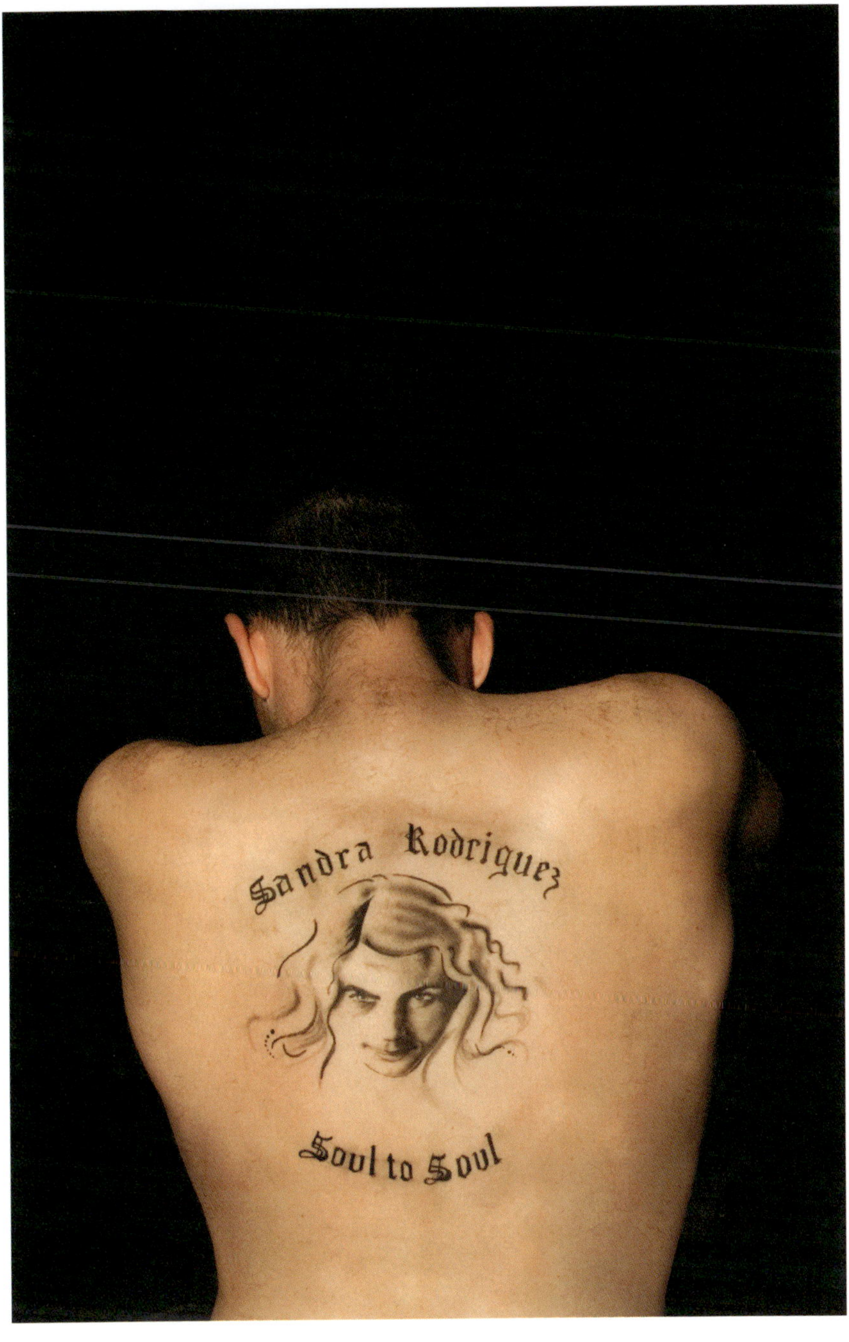
Sandra Rodriguez
Soul to Soul

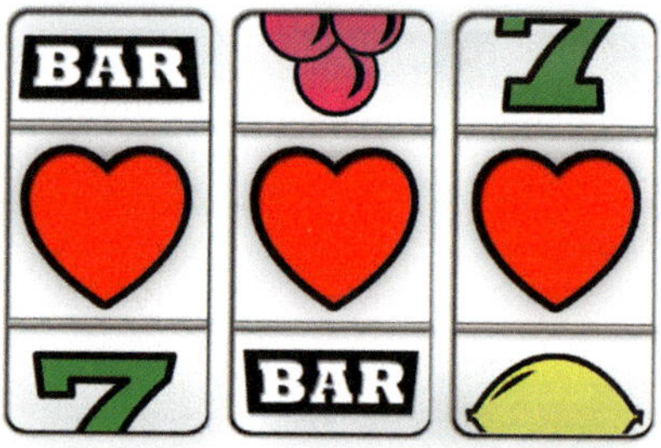
BAR
7
7
BAR

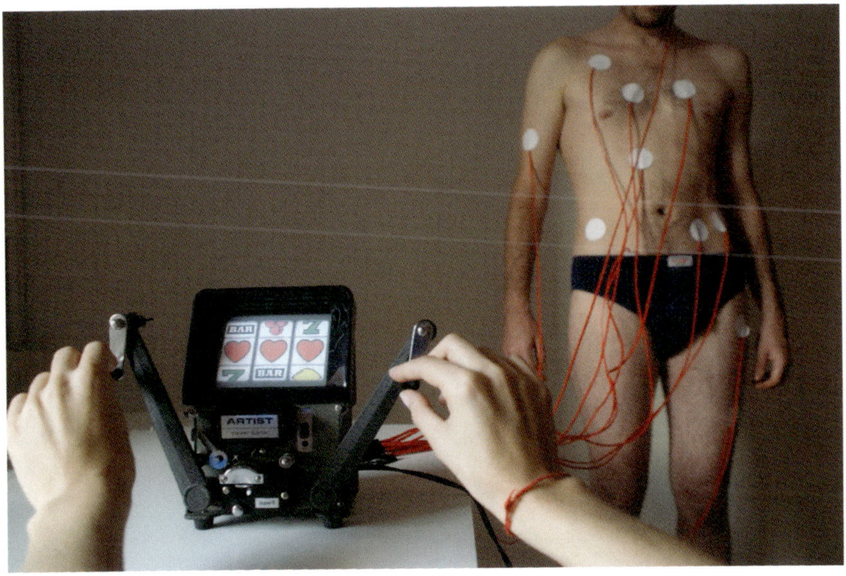
BAR
BAR
ARTIST

PARTIE 5

STREETLOVE

39

Le iPod te guidera.

Un iPod, un microphone, un ordinateur et votre voix. C'est tout ce qu' il vous faut pour cette expérience.

Je me suis d'abord promené dans la ville tout en observant les endroits où je pourrais cacher des objets. Ensuite j'ai pris mon microphone et je l' ai planté dans mon iPod. J'ai enregistré où j'allais et ce que je faisais. J´ai édité cela sur mon ordinateur et j'y ai placé des chansons. Puis j'ai mis le tout sur le iPod que j'ai ensuite donné à mon amie. En suivant les instructions, elle parvenait à trouver les petits cadeaux que j'avais cachés et reconnaître les endroits où je m'étais promené.

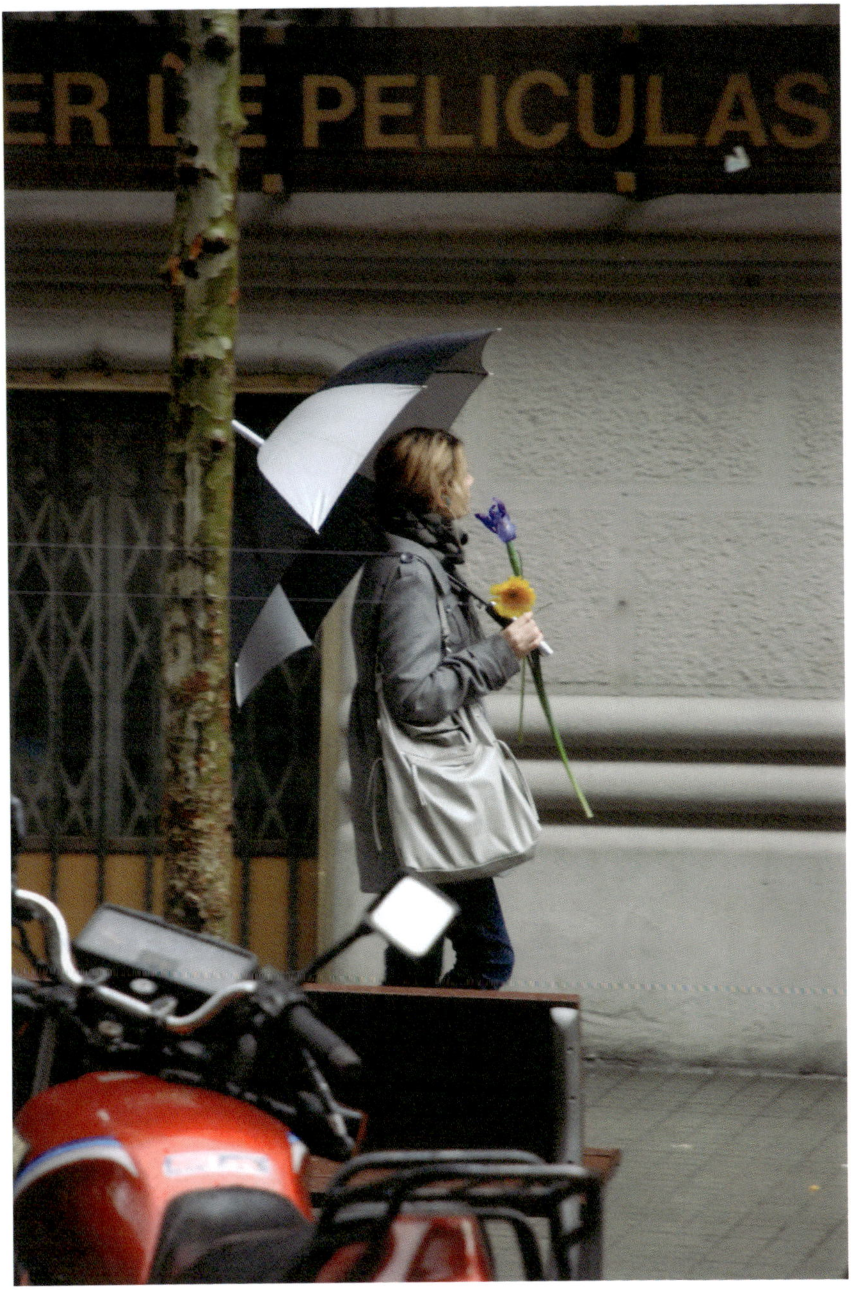
PELICULAS

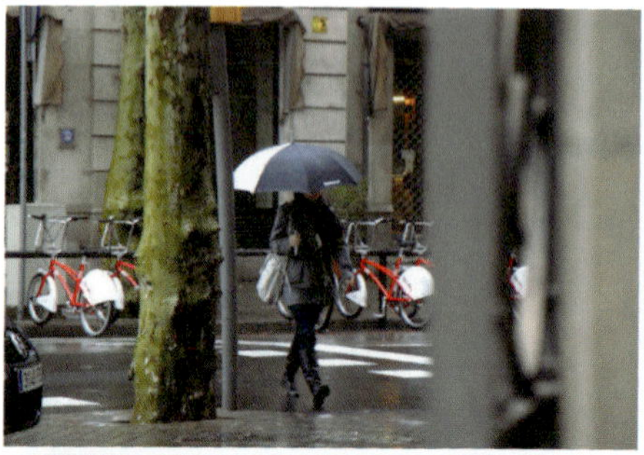

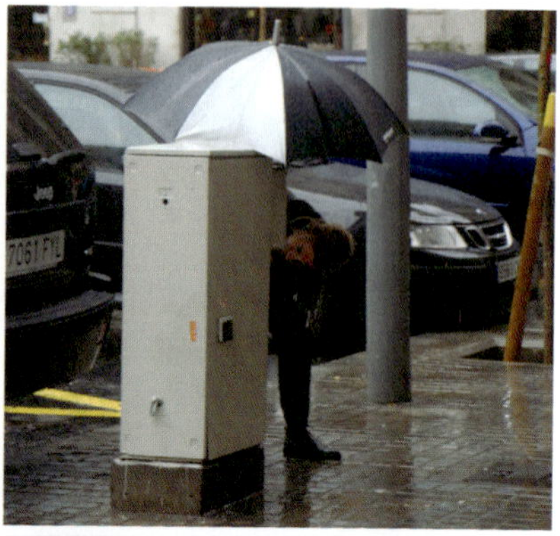

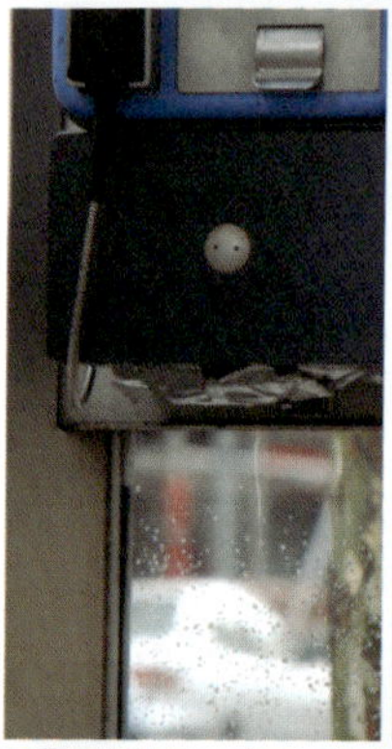

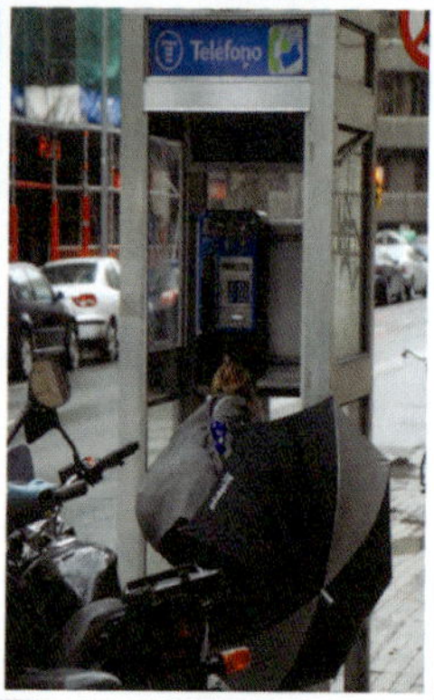
Teléfono

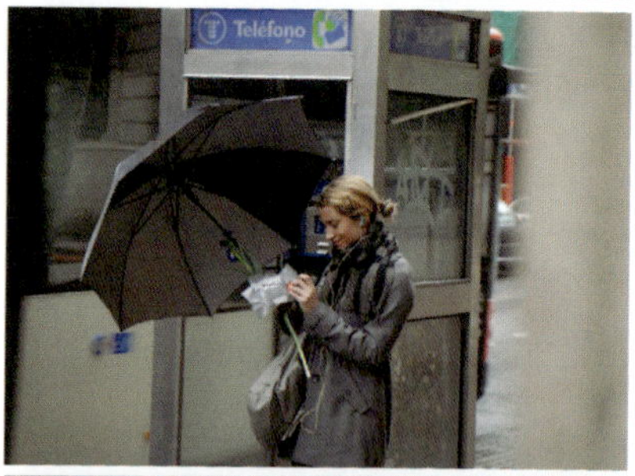
Teléfono

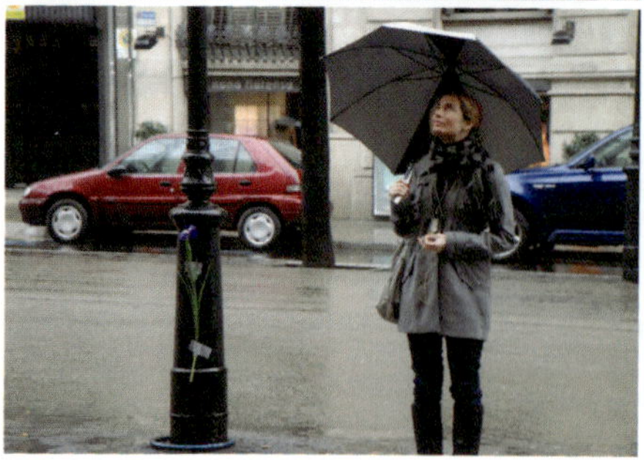

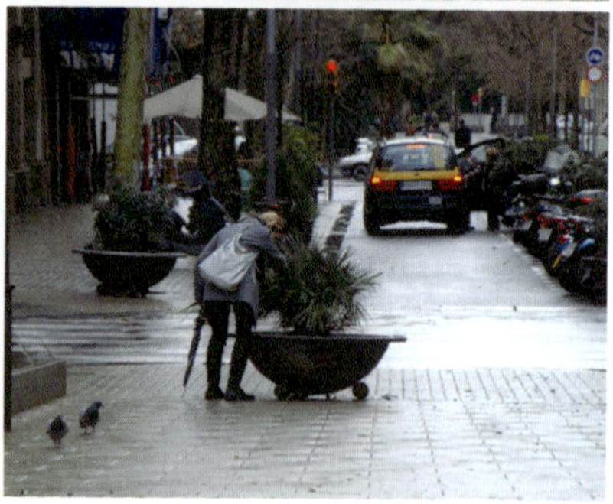

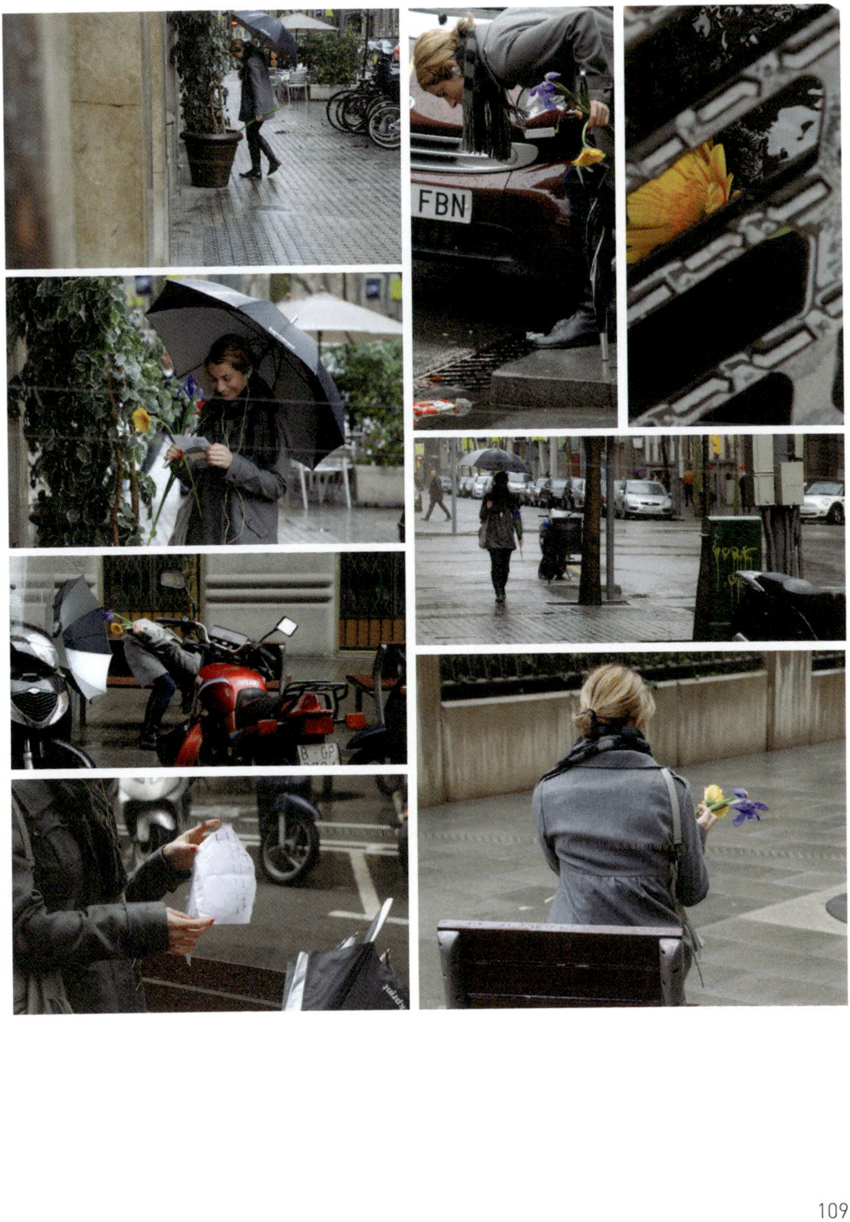
FBN

40

Covergirl.

Je téléphonais à une amie. De quoi s'agissait-il? J'avais besoin d' elle pour choisir une photo de covergirl pour une de mes créations artistiques. Elle me venait en aide et nous nous dirigions vers un kiosque où il y avait des tas de magazines. Elle choisissait par maintes reprises des jeunes pin-ups mais aucune ne me plaisait. Mes commentaires: "Trop vilaine, trop blonde, trop grande...". Je critiquais toutes ses suggestions. Très patiente, elle recommençait à fouiller et tout à coup elle se découvre sur une couverture de magazine... en covergirl ! Grand sourire éclatant...

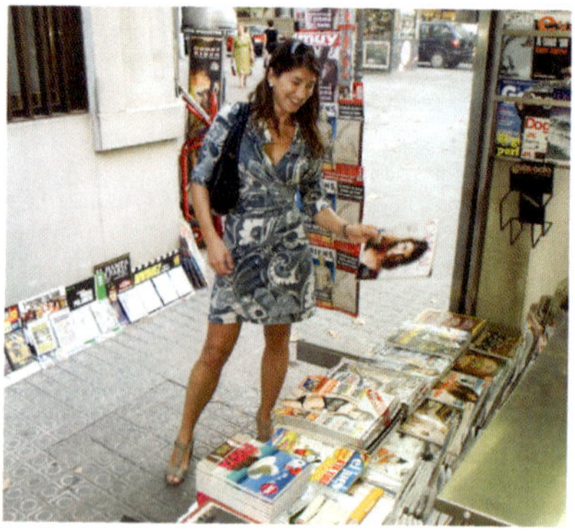

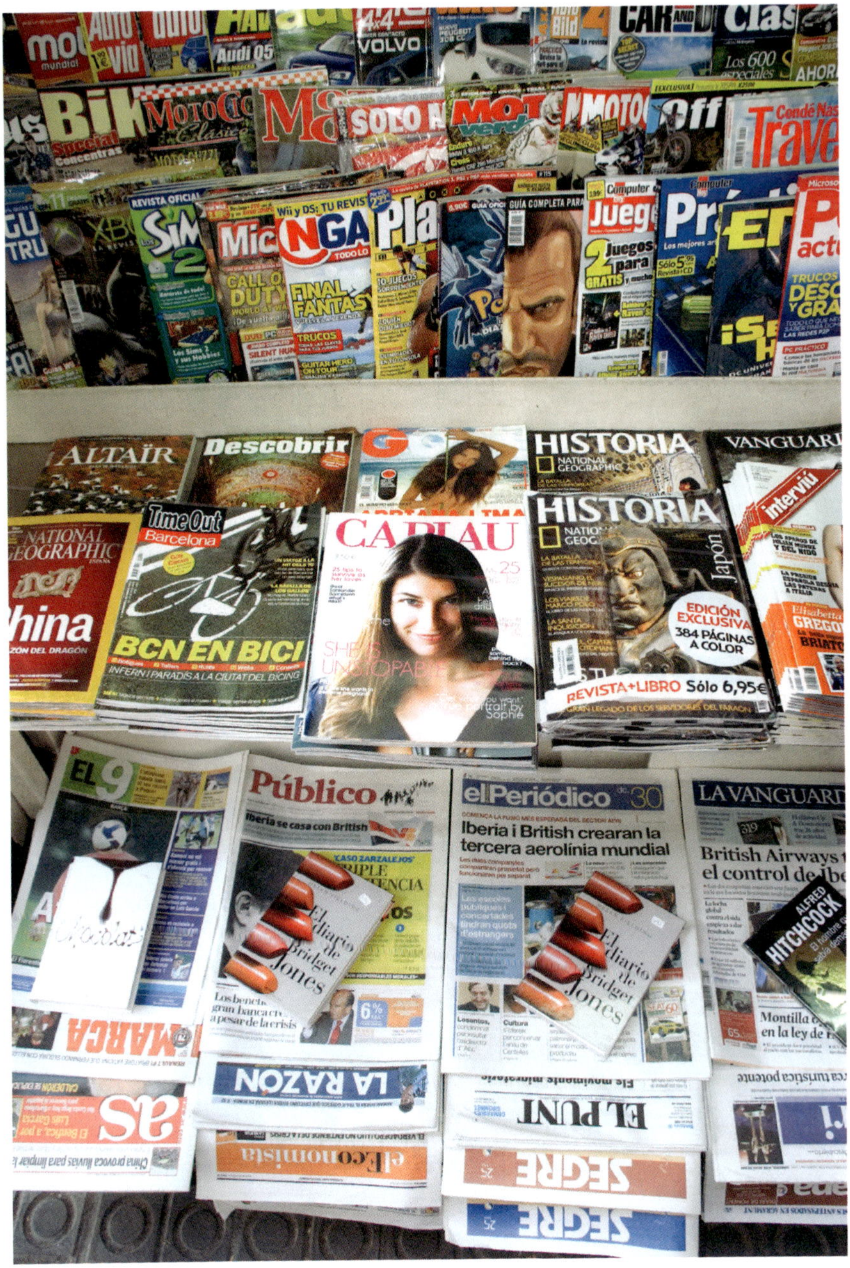
Auto Bild
4x4
VOLVO
Audi Q5
Bike
SOLO MOTO
Off
Condé Nast Traveler
Juegos
REVISTA OFICIAL
FINAL FANTASY
TRUCOS
GUITAR HERO
CALL OF DUTY
GUÍA COMPLETA PARA
ALTAÏR
Descobrir
HISTORIA NATIONAL GEOGRAPHIC
VANGUARDIA
interviú
NATIONAL GEOGRAPHIC
China
Time Out Barcelona
BCN EN BICI
CAPLAU
Japón
EDICIÓN EXCLUSIVA 384 PÁGINAS A COLOR
REVISTA+LIBRO Sólo 6,95€
EL 9
Público
Iberia se casa con British
elPeriódico
Iberia i British crearan la tercera aerolínia mundial
LA VANGUARDIA
British Airways
el control de Ibe
El diario de Bridget Jones
ALFRED HITCHCOCK
MARCA
LA RAZÓN
EL PUNT
as
elEconomista
SEGRE

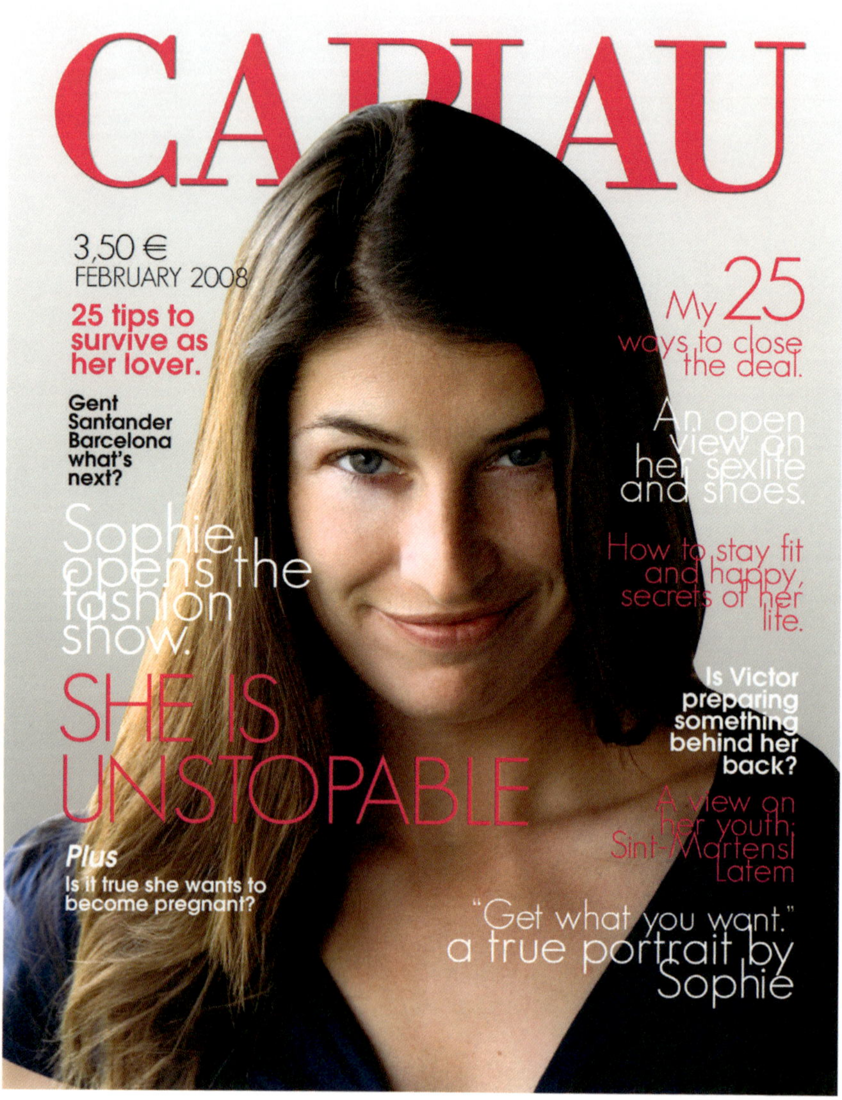

CAPIAU
3,50 €
FEBRUARY 2008
25 tips to survive as her lover.
Gent Santander Barcelona what's next?
Sophie opens the fashion show.
SHE IS UNSTOPABLE
Plus
Is it true she wants to become pregnant?
My 25 ways to close the deal.
An open view on her sexlife and shoes.
How to stay fit and happy, secrets of her life.
Is Victor preparing something behind her back?
A view on her youth: Sint-Martensl Latem
"Get what you want." a true portrait by Sophie

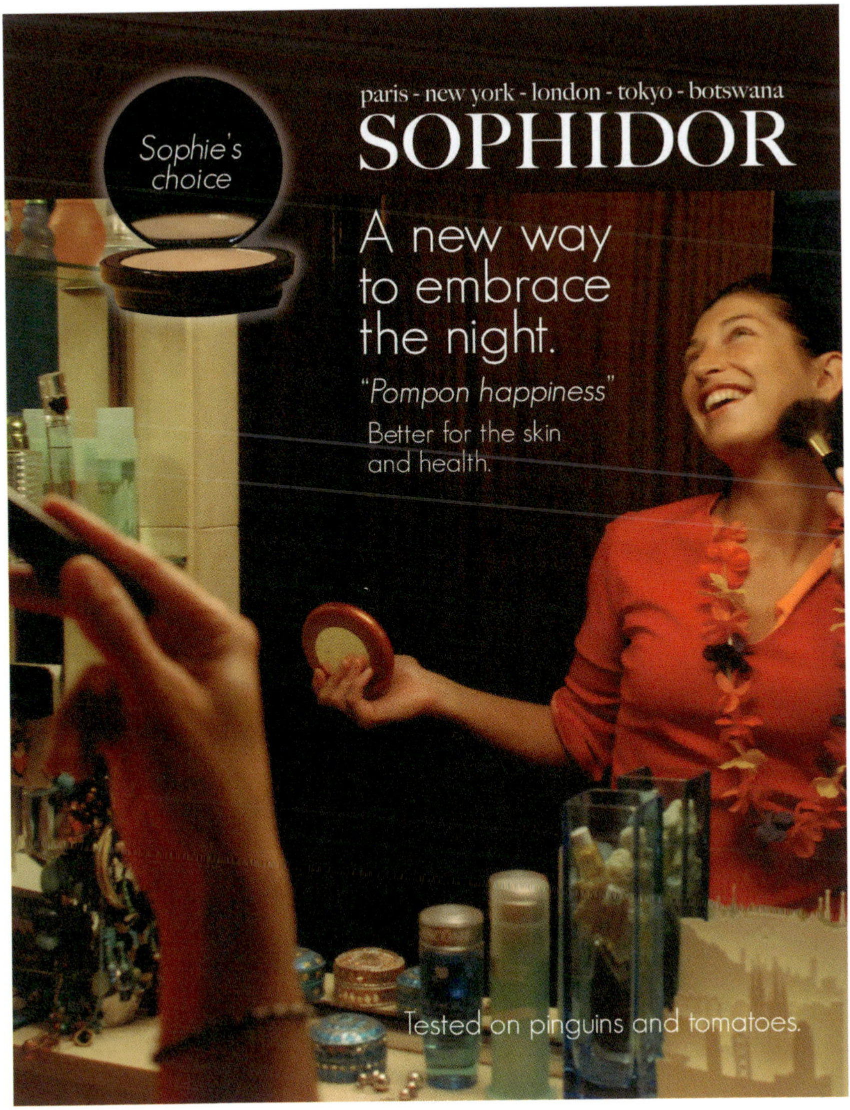
paris - new york - london - tokyo - botswana
SOPHIDOR
Sophie's choice
A new way to embrace the night.
"Pompon happiness"
Better for the skin and health.
Tested on pinguins and tomatoes.

41

Le monde est une école.

Quand dans un couple international, les partenaires parlent une autre langue, il y en a toujours un qui doit s'adapter à l'autre. Comment allez-vous apprendre votre langue à votre compagne ?

En achetant des mini-autocollants. Sur chaque autocollant vous inscrivez le nom de l' objet « à apprendre » et vous y collez votre mini-autocollant. Comme ceux-ci sont minuscules vous pouvez même vous en servir en rue, les passants ne les apercevront pas.

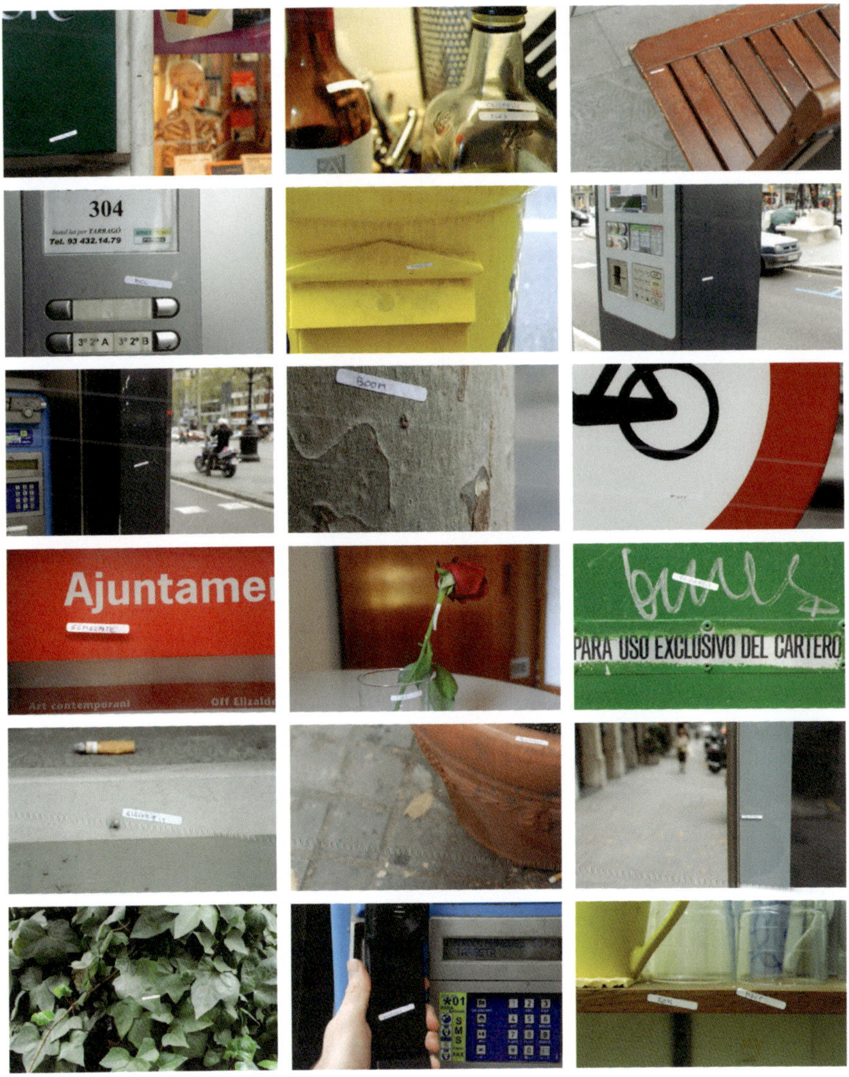
304
Tel. 93 432.14.79
BOOM
Ajuntamen
PARA USO EXCLUSIVO DEL CARTERO

42

Rouleau d'amour.

J'entrais dans une papeterie pour y acheter un rouleau de papier dont se servent les caissières. La dessus j'écrivais tout ce que je ressentais pour elle. Finalement mon manuscrit était beaucoup plus long que je ne l'aurais cru. C'était vraiment une façon originale d' exprimer tout mon amour pour elle.

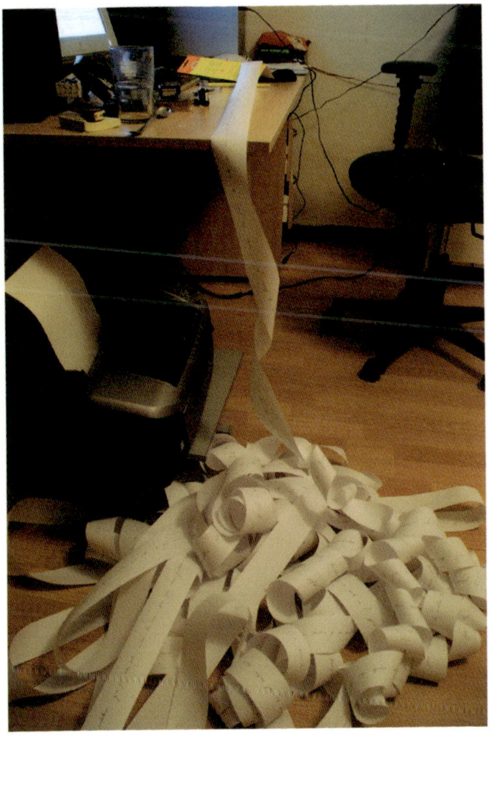

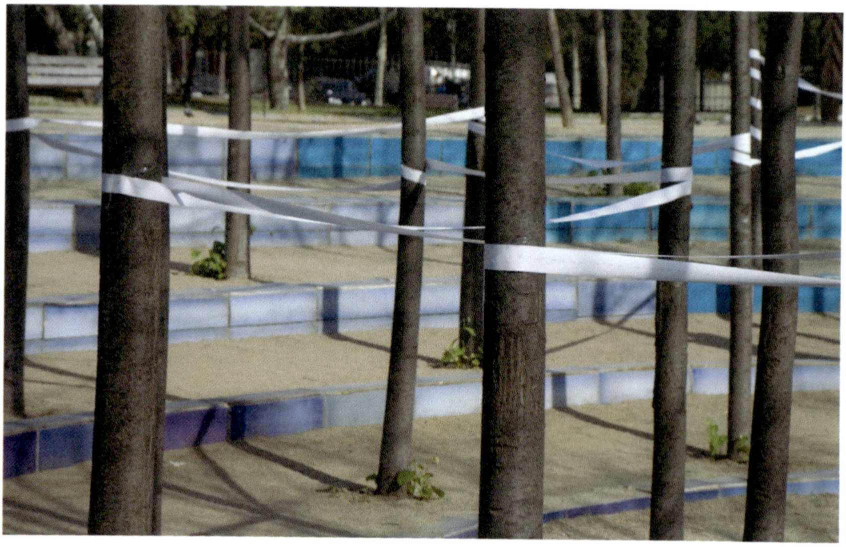

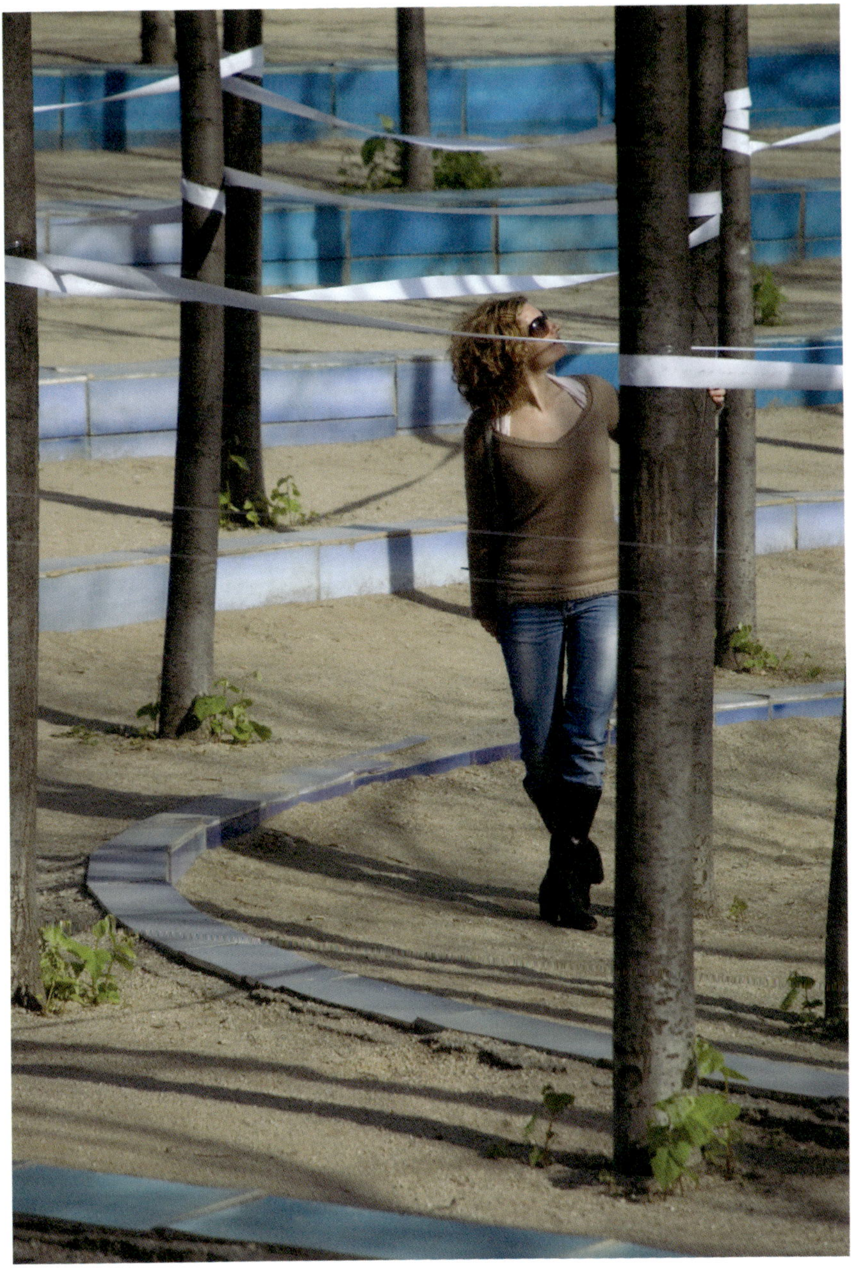

43

Airmail.

Comment surprendre quelqu'un qui habite au quatrième étage sans pour cela devoir se servir d'une longue échelle ? En investissant en hélium. J'ai réussi ce coup un jour de grand vent. Le ballon, qui transportait un cadeau, avait beaucoup de difficultés à éviter les arbres ainsi que l' auvent vert de l'appartement. A une hauteur de 6 mètres , le vent n'a plus poussé le ballon plus haut mais l' a transporté bien gentiment vers le balcon de mon amie. Quand il se trouvait juste en face, je lui ai téléphoné en lui demandant d' aller jeter un coup d'œil!

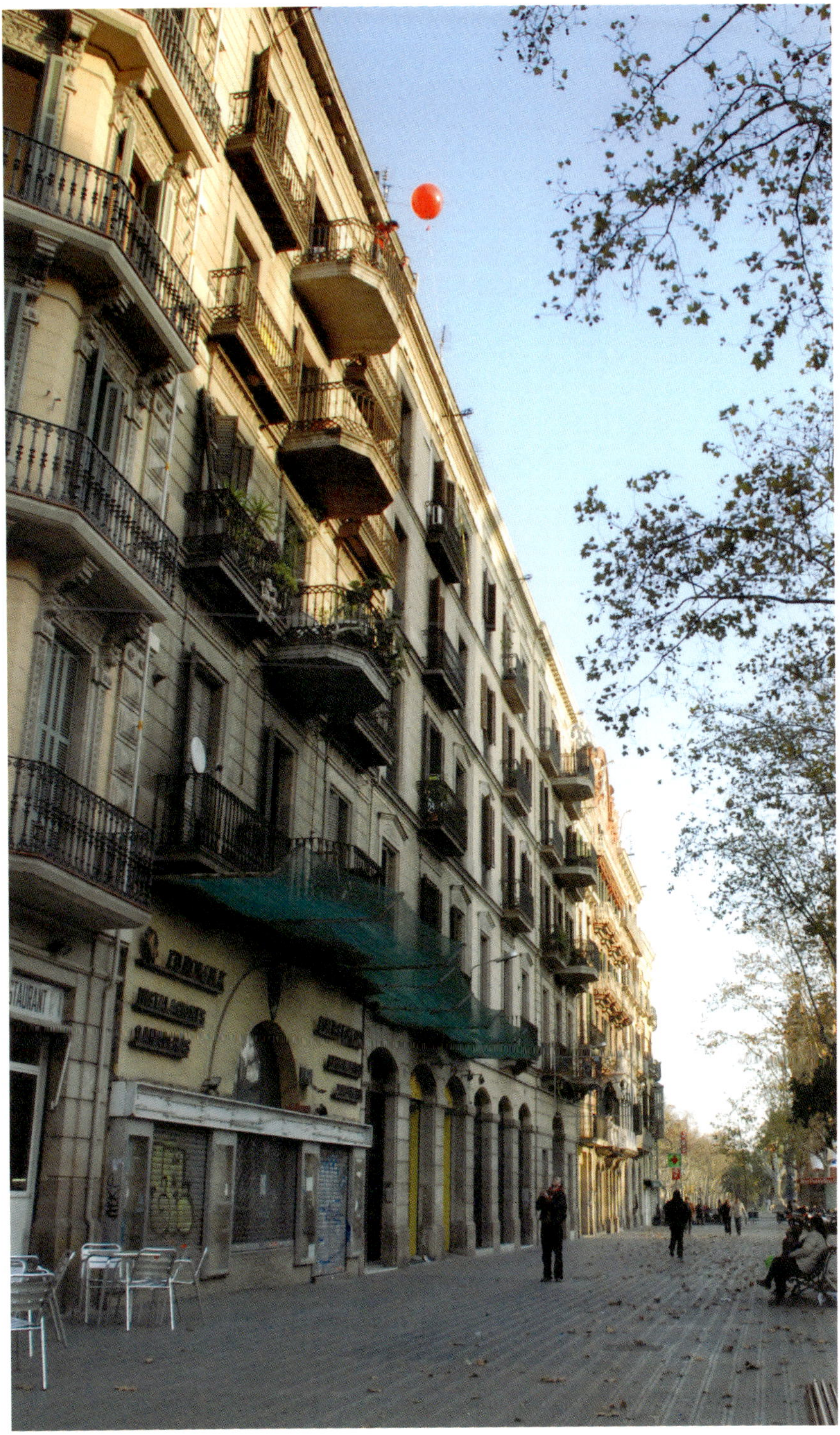
STAURANT

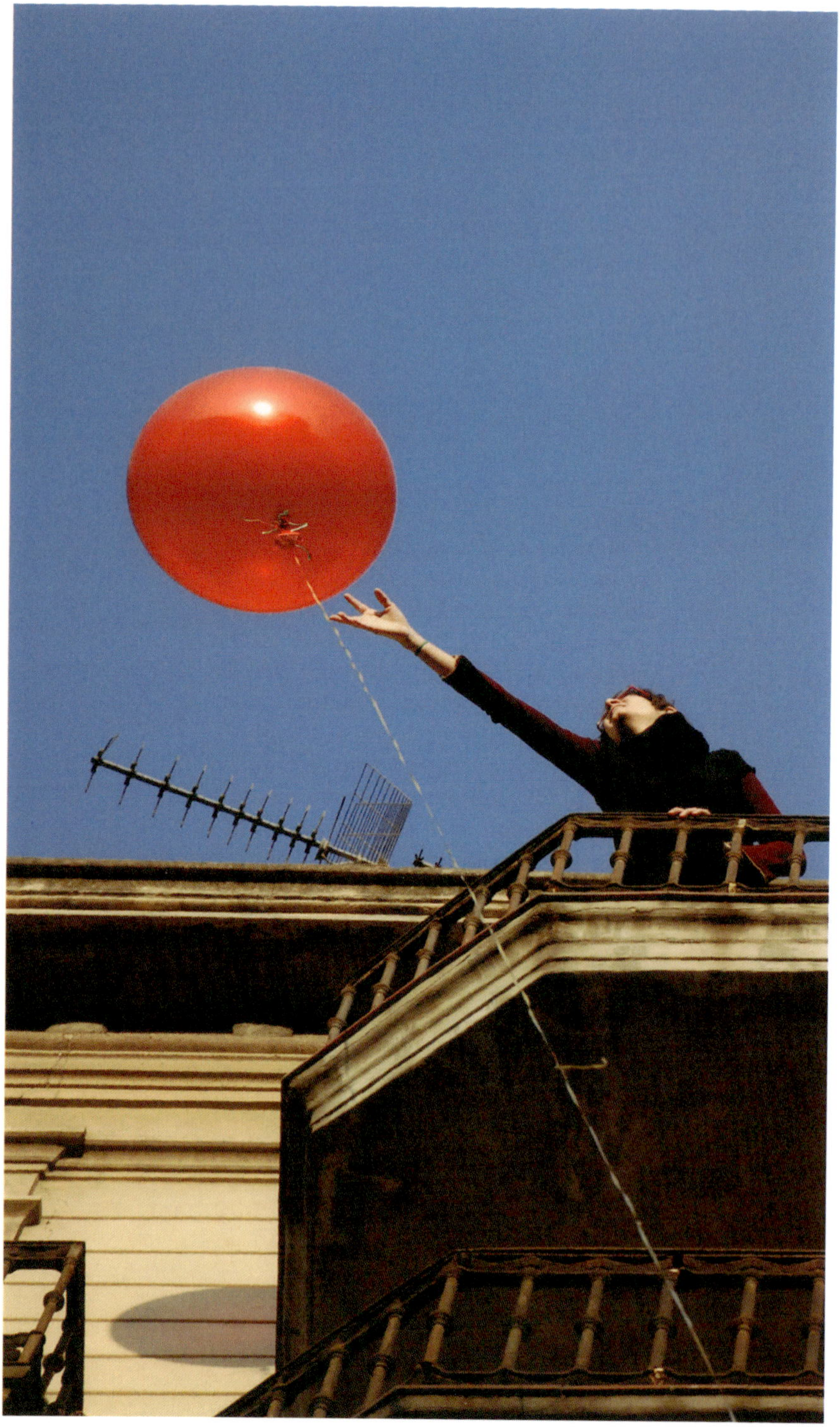

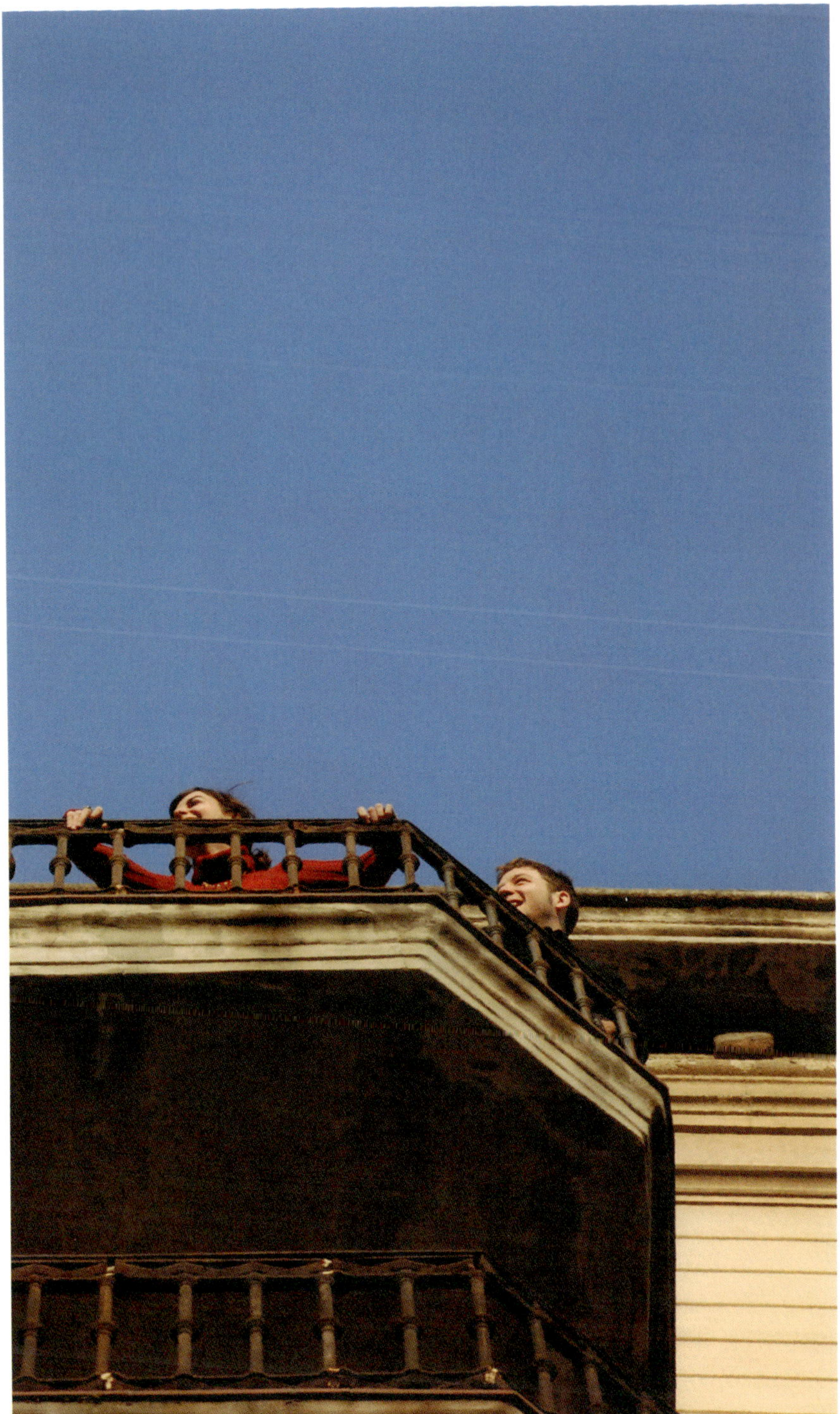

44

L' assistante patiente.

A la page suivante vous verrez ce qu' il y avait dans le paquet.

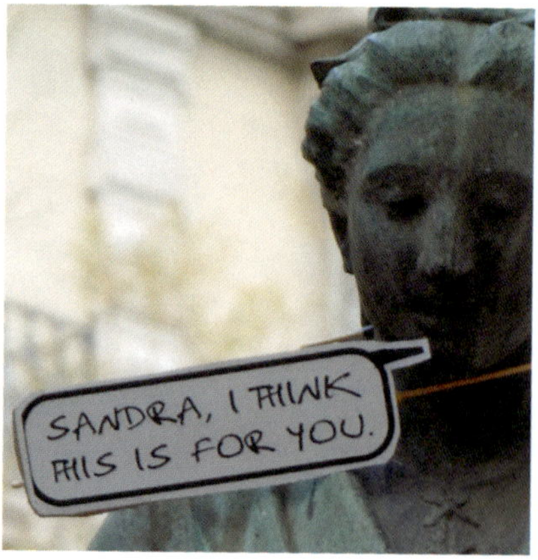

'Sandra, je crois que c' est pour toi.'

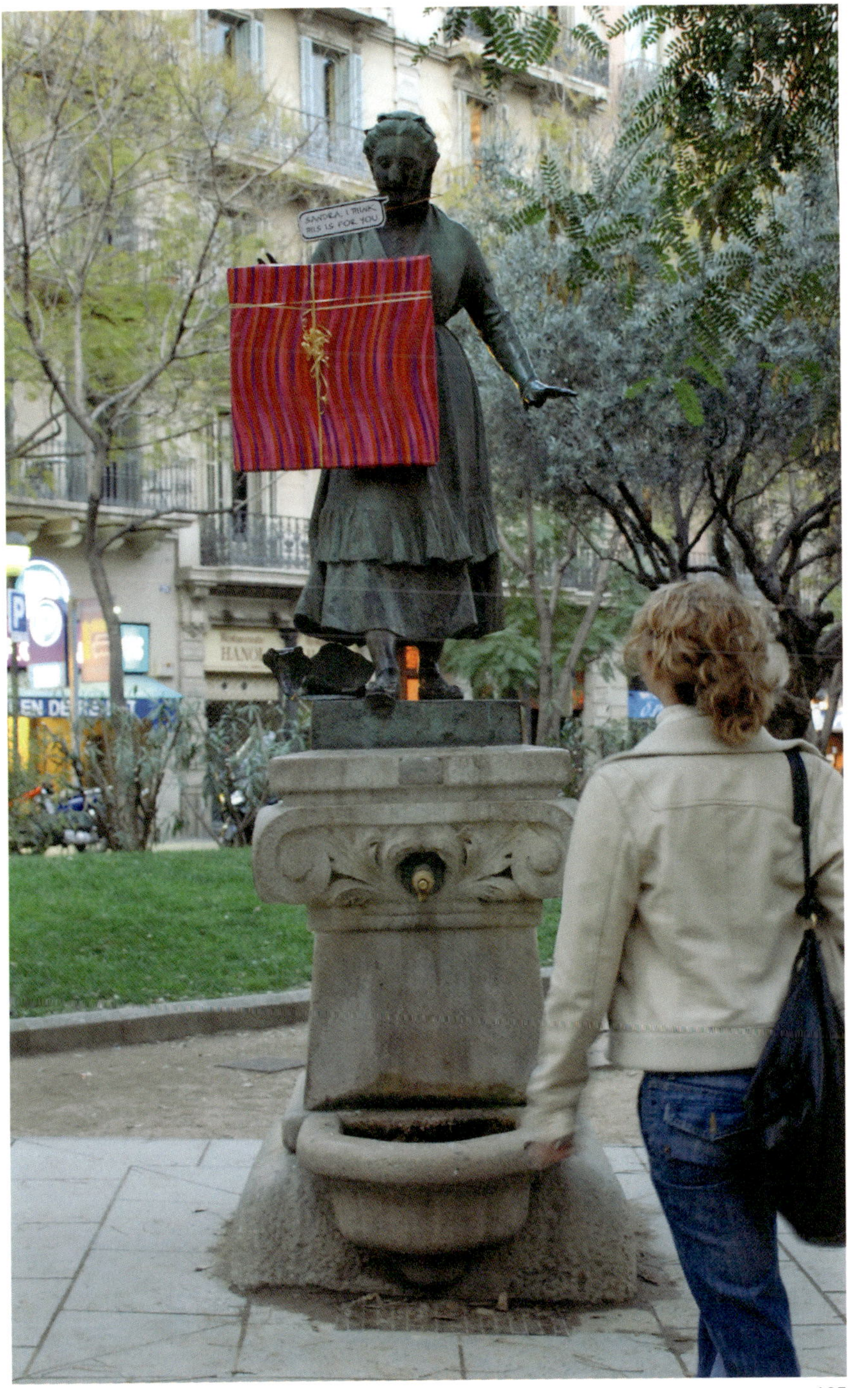
SANDRA, I THINK
THIS IS FOR YOU

45

Saint Valentin en rouge.

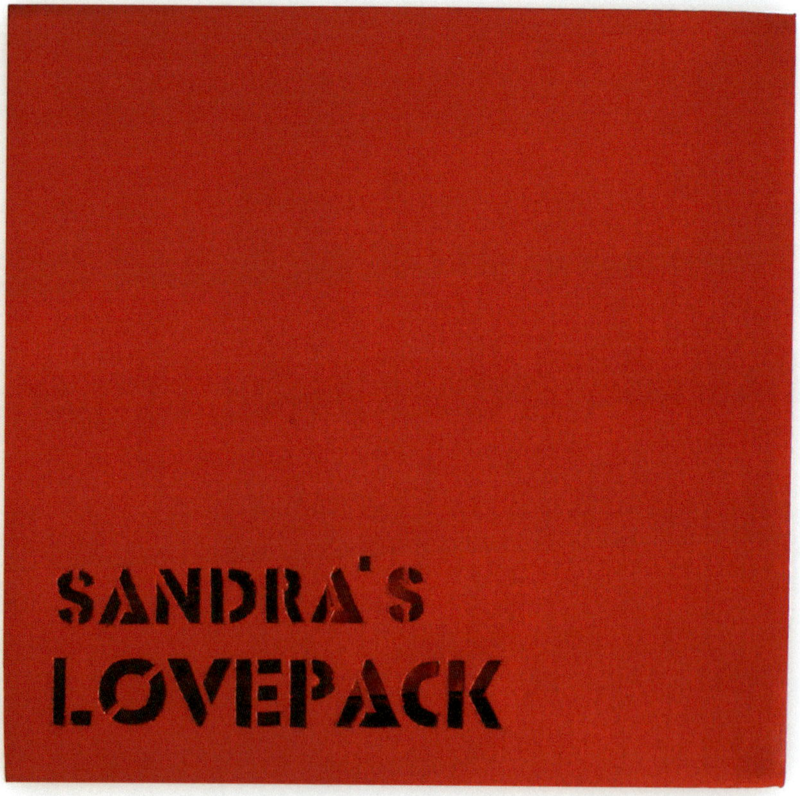

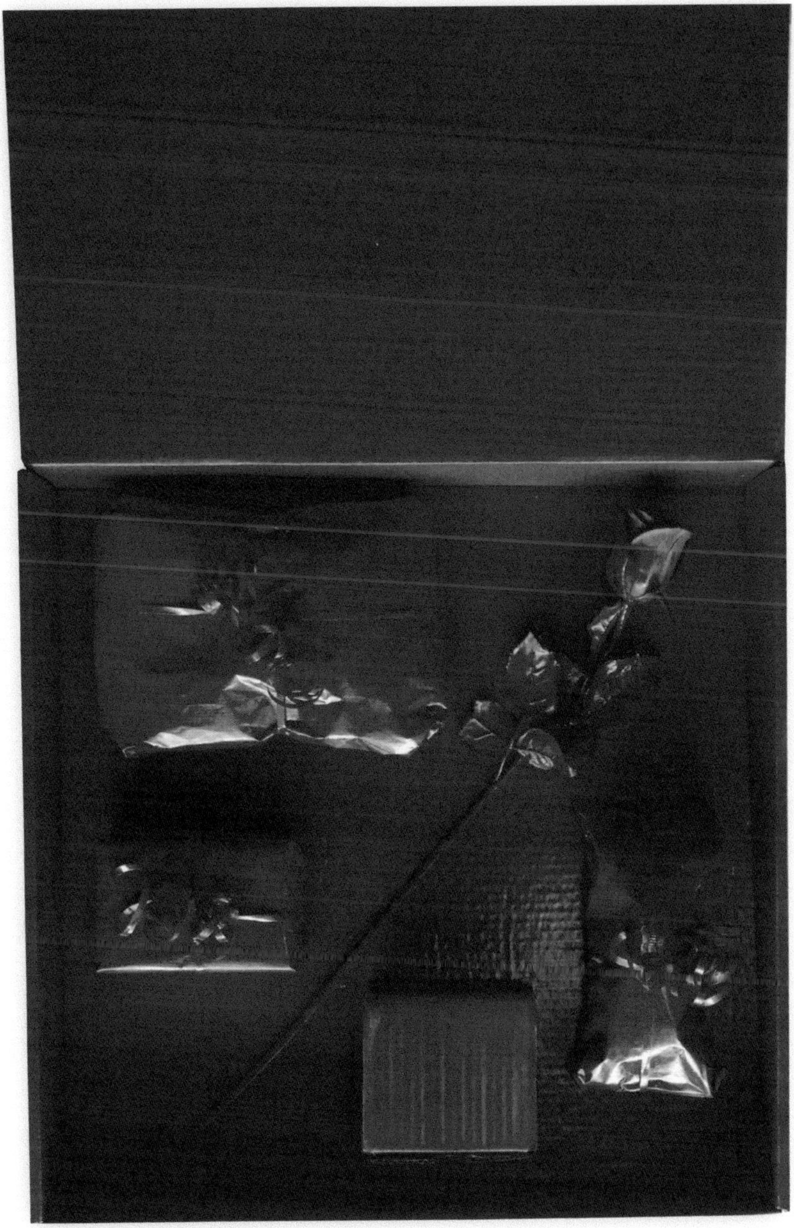

46

Les petits oiseaux rouges.

La promenade avec ma sœur nous mena jusqu'à un panneau de signalisation sur lequel s'était posé un petit oiseau rouge. Je le désigne du doigt mais ma sœur réplique : "Ce n'est pas un vrai!" J'en prends une photo et l'agrandis. Tout à coup elle se rend compte que l'oiseau tient dans son bec une petite enveloppe qui lui est adressée. Elle était injecté! A différents endroits j'avais caché 10 oiseaux qui tous portaient des petits messages positifs.

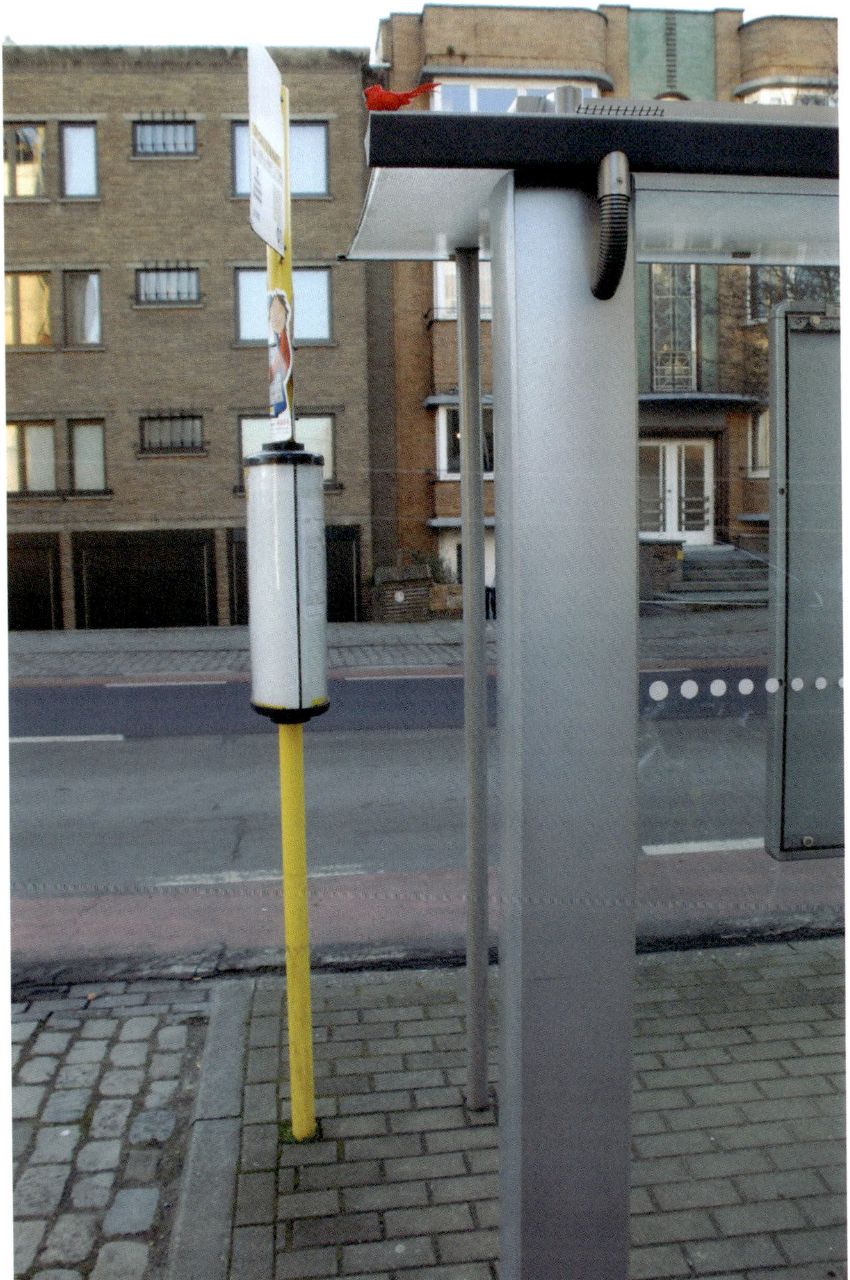

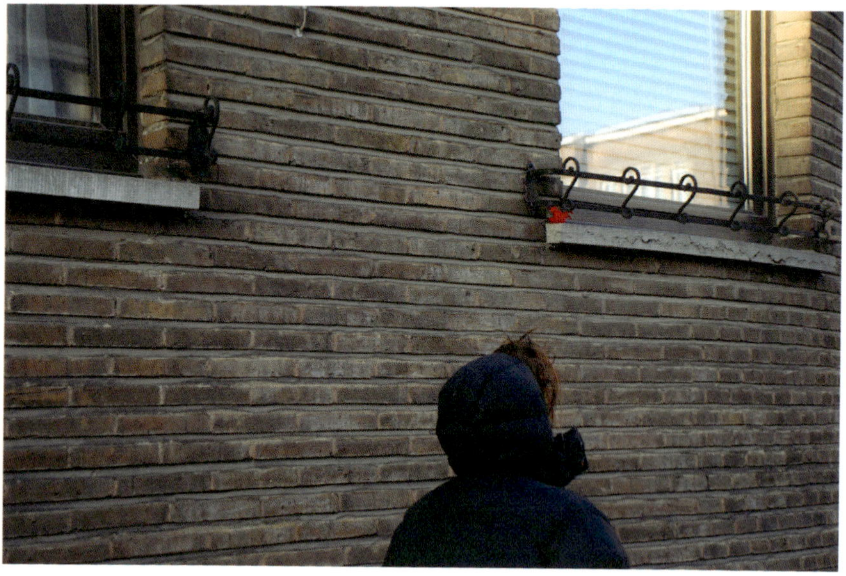

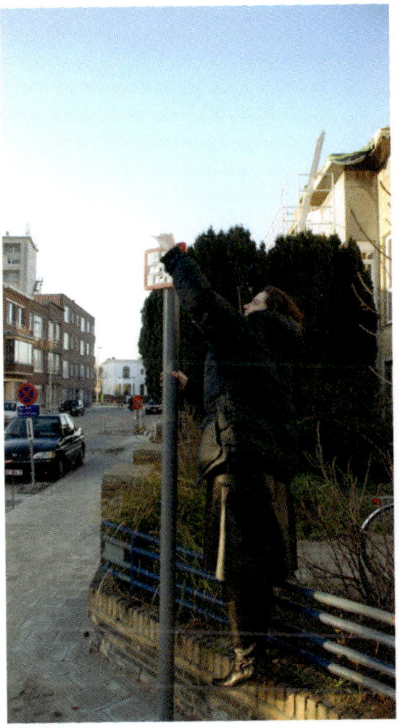
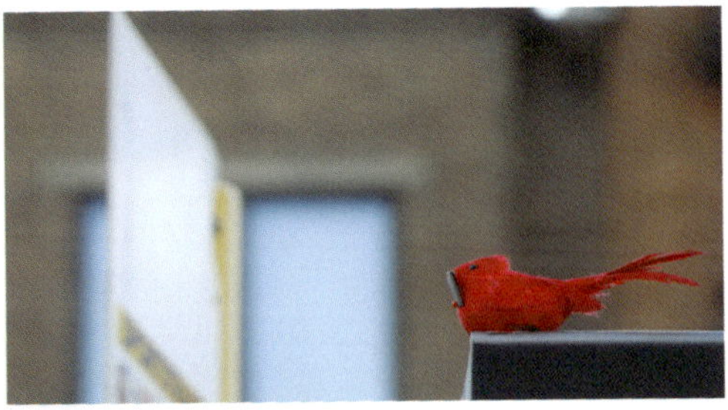
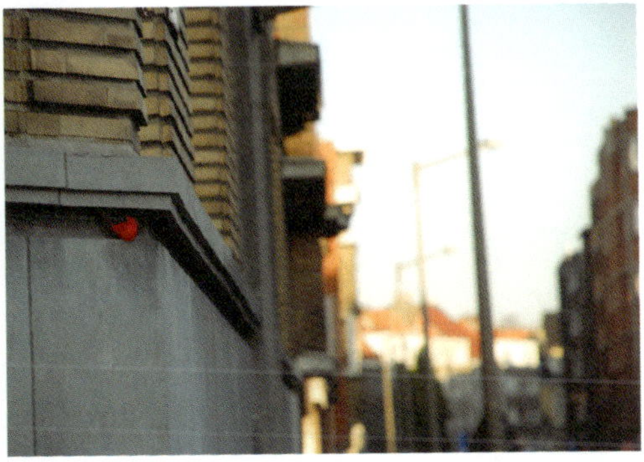
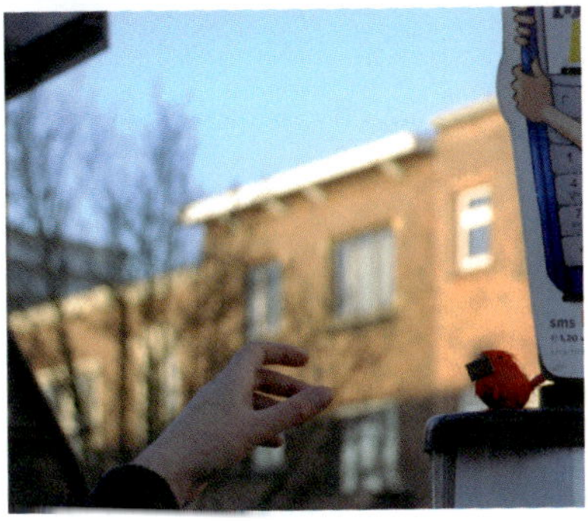
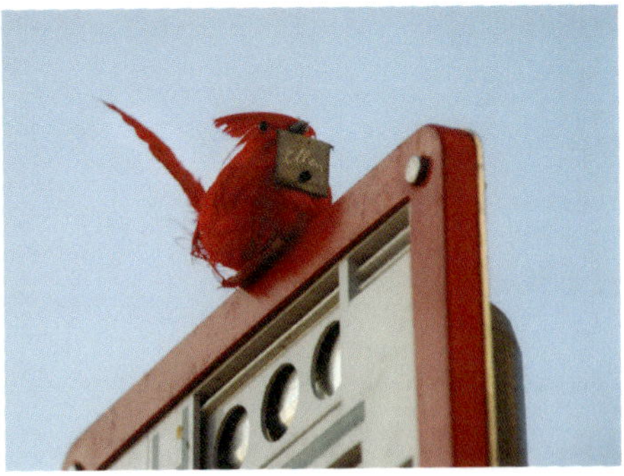
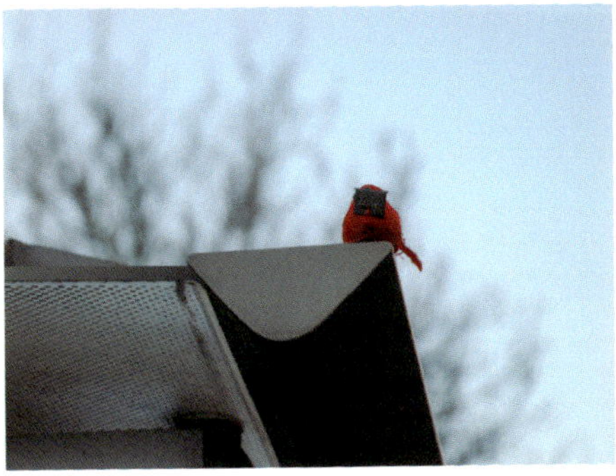
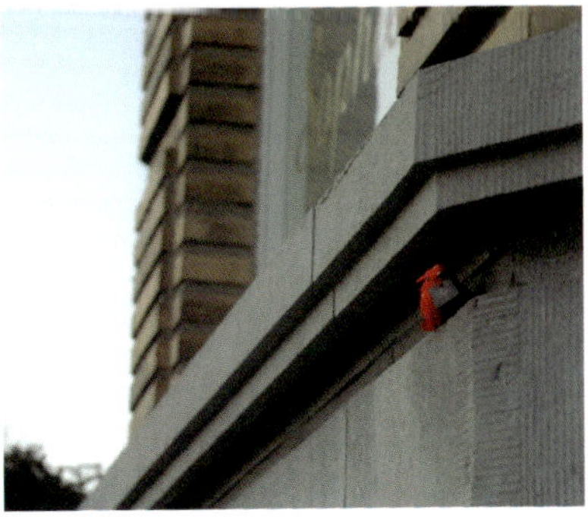

47

En t'attendant...

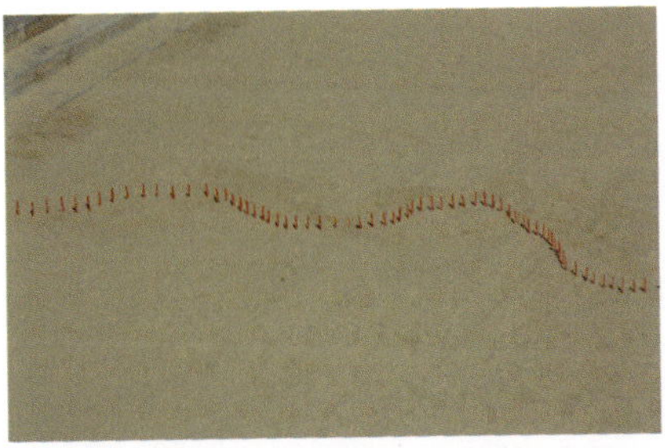
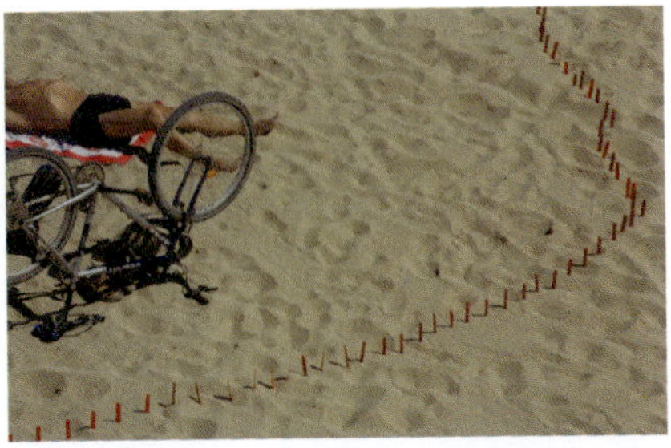
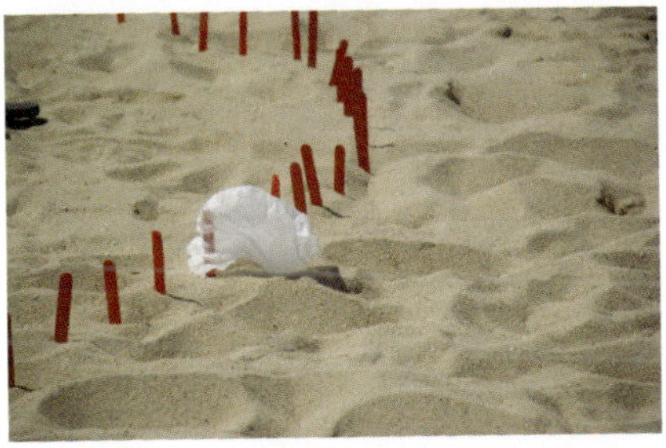
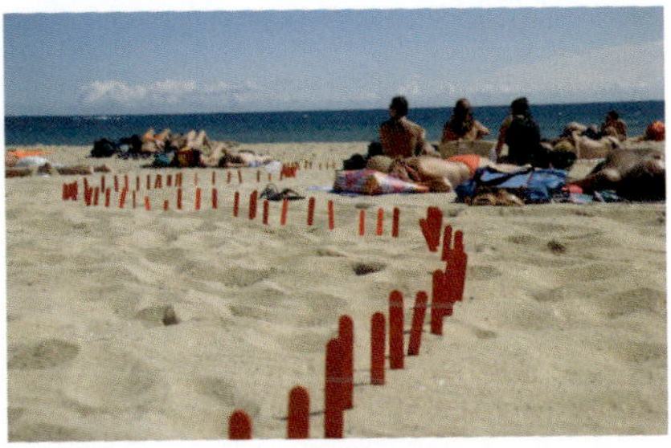
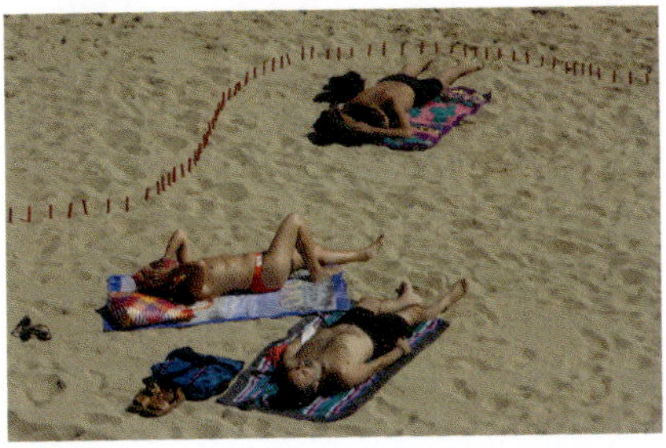
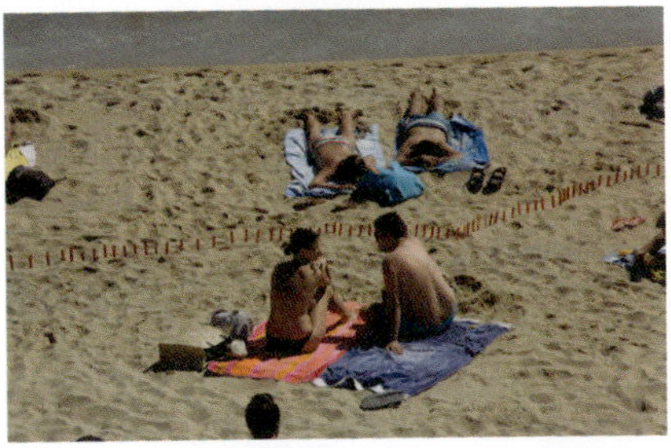
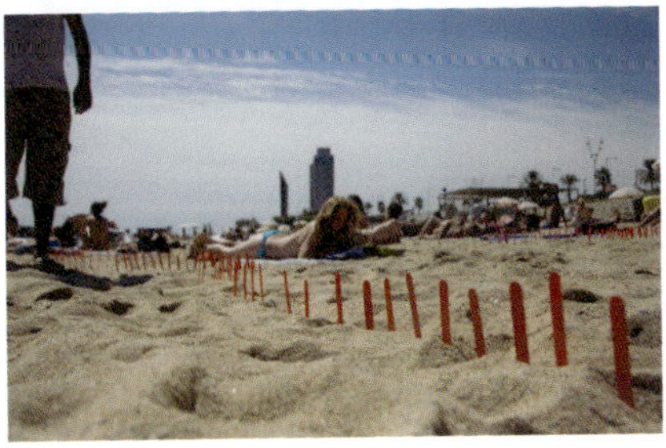
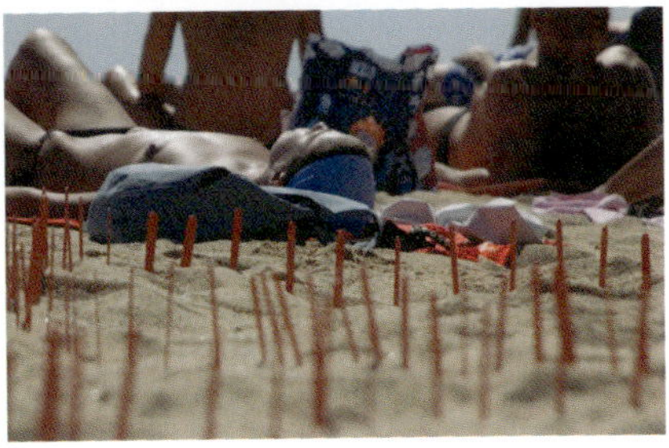

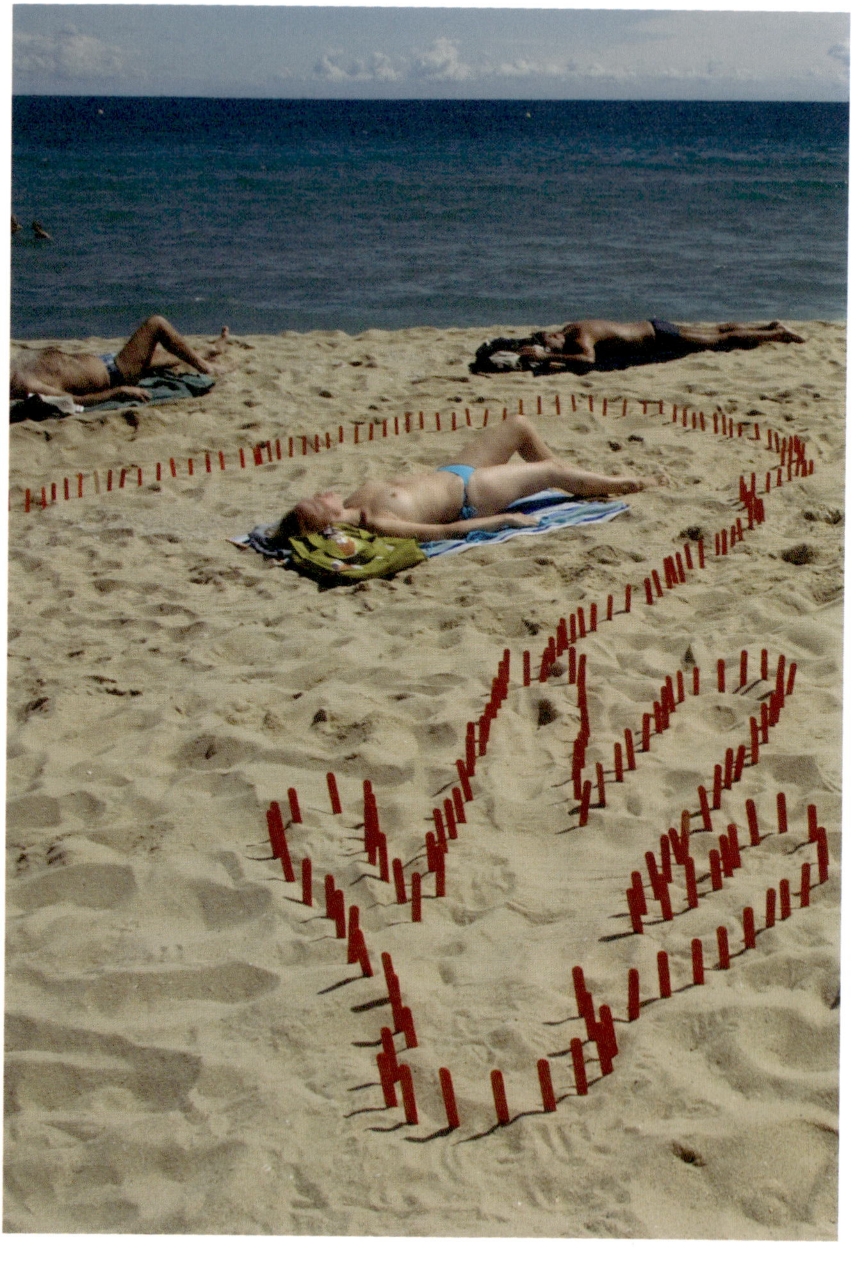

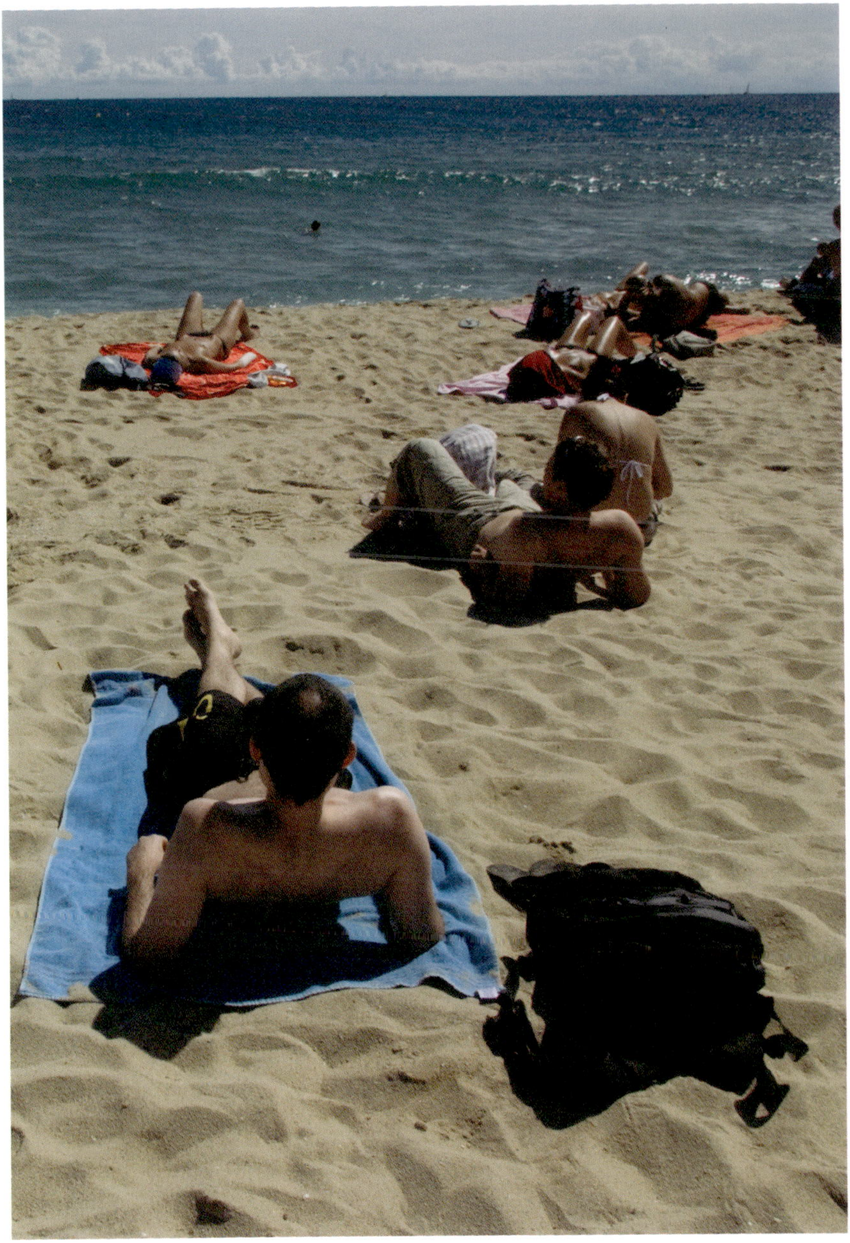

48

Avez-vous vu cette fille?

Dans une rue très fréquentée j'avais attaché ce poster à une cabine téléphonique... et, vous ne me croirez pas, mais il n'a pas bougé pendant plus d' une semaine! J'avais été rejoindre mon amie après son travail et nous marchions dans la direction de notre appartement Tout à coup je m' arrêtais en lui disant que la lumière était parfaite pour prendre une photo d' elle. J'étais cependant trop enthousiaste et elle soupçonnait quelque chose. Elle s'est mise à regarder dans tous les sens et s'est soudainement reconnue sur l'énorme poster.

'Avez-vous vu cette jeune fille?
Dites-lui qu' elle est unique.'

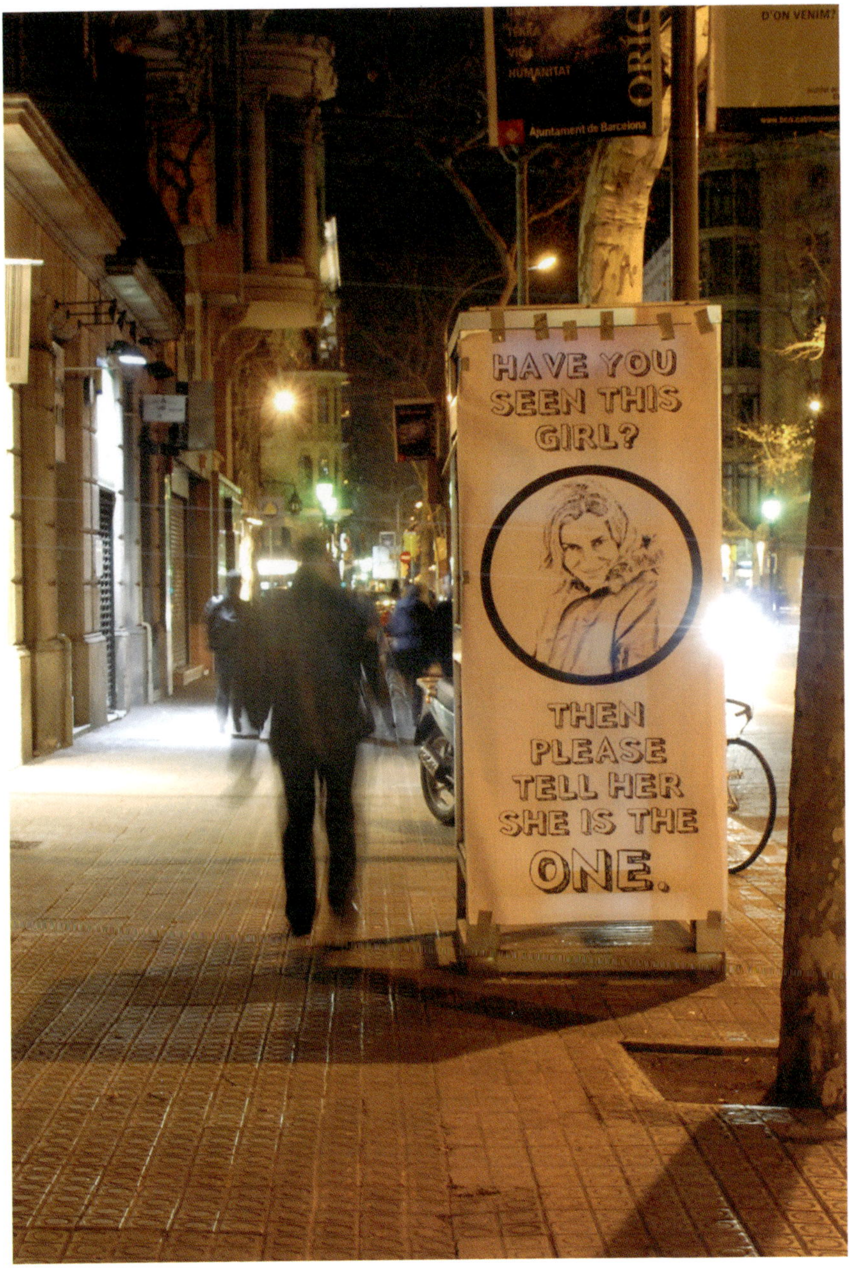
HAVE YOU SEEN THIS GIRL?
THEN PLEASE TELL HER SHE IS THE ONE.
HUMANITAT
Ajuntament de Barcelona
D'ON VENIM?

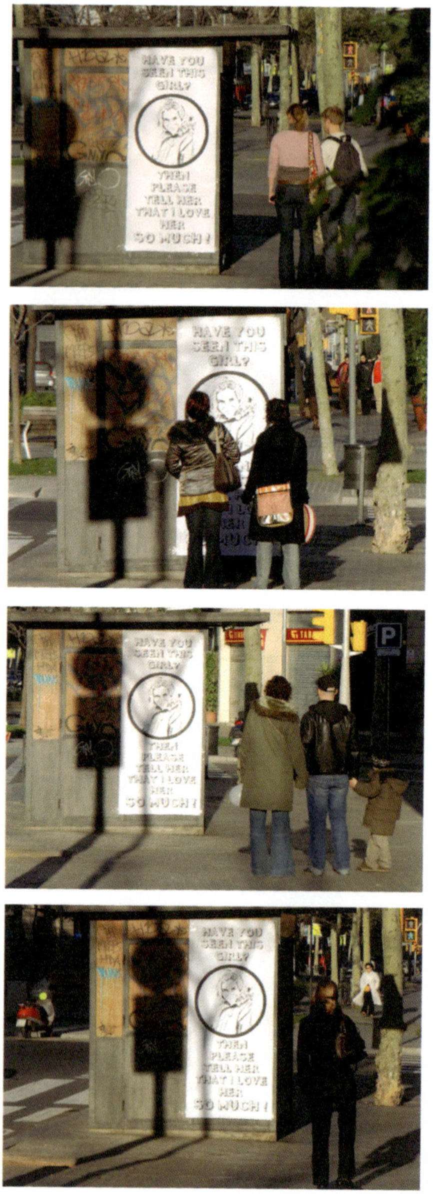

`Avez-vous vu cette fille ?
Dites-lui que je l' aime tellement.`

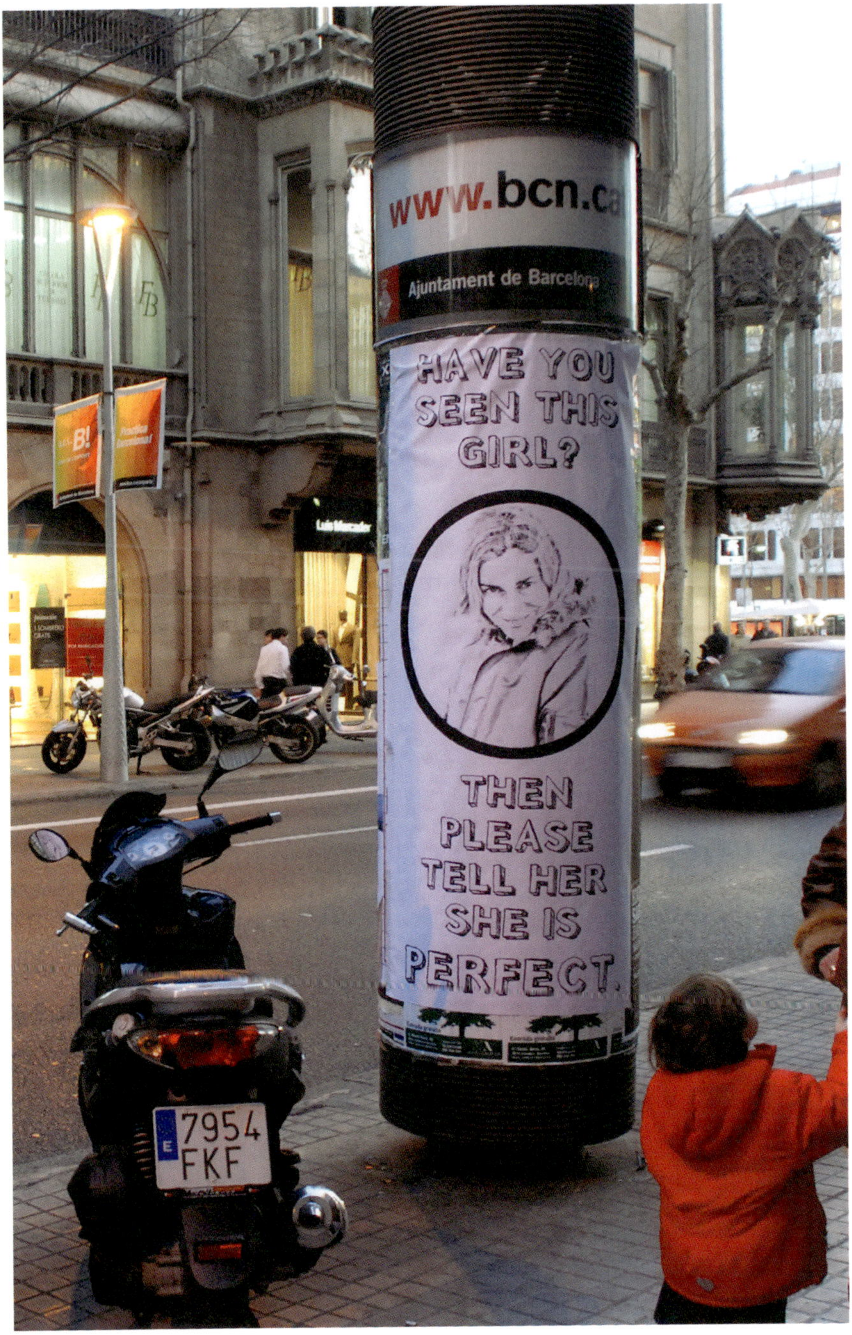

´Avez-vous vu cette jeune fille ? Dites-lui qu' elle est parfaite.´

49

Le magasin magique.

En général, vous entrez dans un magasin pour y acheter des produits neufs. Quelle serait votre réaction si quelqu'un avait déjà acheté le produit de votre choix, et, après l'avoir personnalisé, retournait au magasin et vous le remettait en main? Vous pouvez appliquer ce scénario avec un album de photographies neuf. Vous y collez des photos de la famille de votre compagne, d'amis et de personnes que vous aimez et vous replacez l'album dans le magasin. Vous informez le vendeur. Puis, tout en sifflotant, vous entrez dans le magasin avec votre partenaire et vous posez nonchalamment l'album dans ses mains. Prenez du plaisir à observer sa réaction quand elle découvre la première page.

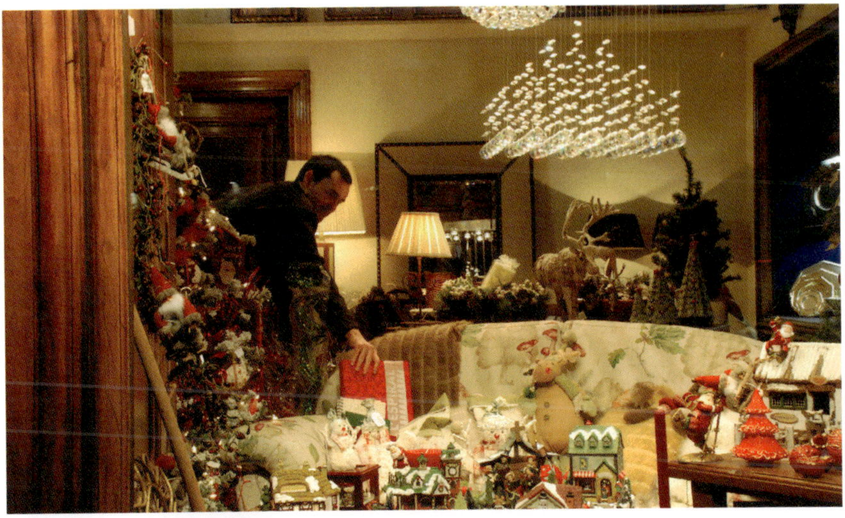

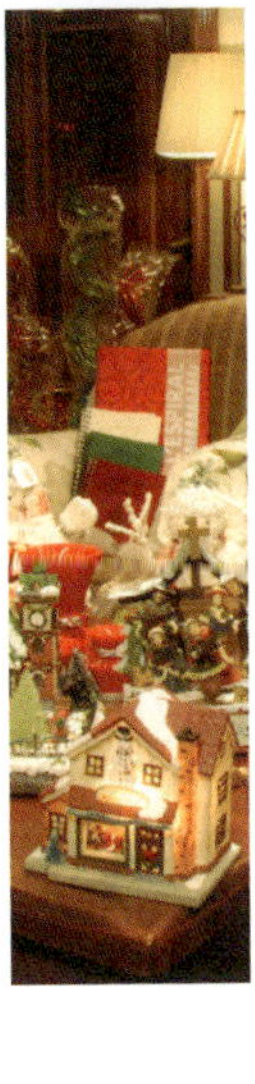

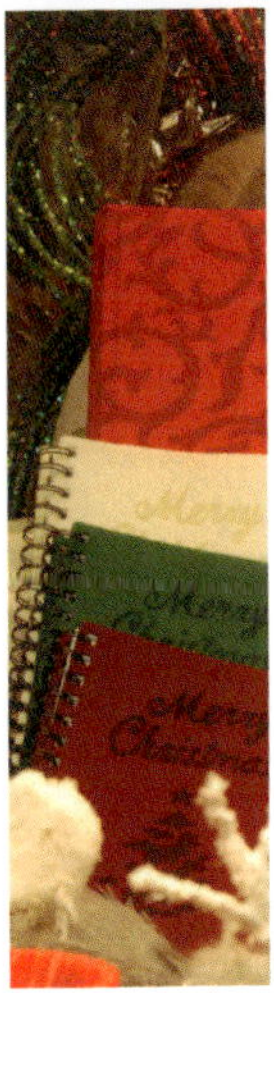

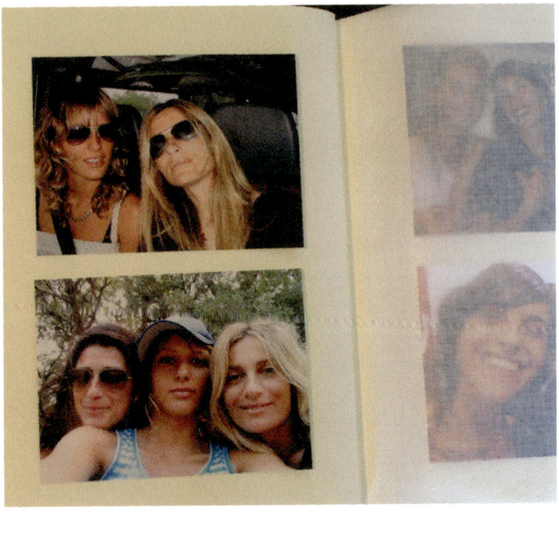

50

L' amour au premier étage.

Quand j'avais 19 ans j' étais très amoureux d' une jeune fille qui habitait au premier étage. Je voulais lui faire plaisir de façon originale. J'empruntais une échelle d'un ami qui habitait un peu plus loin. Nous posions l' échelle contre le mur et j'attachais une rose à sa fenêtre.

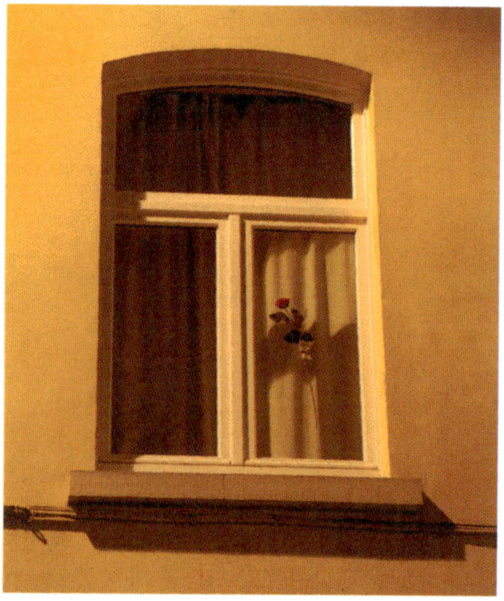

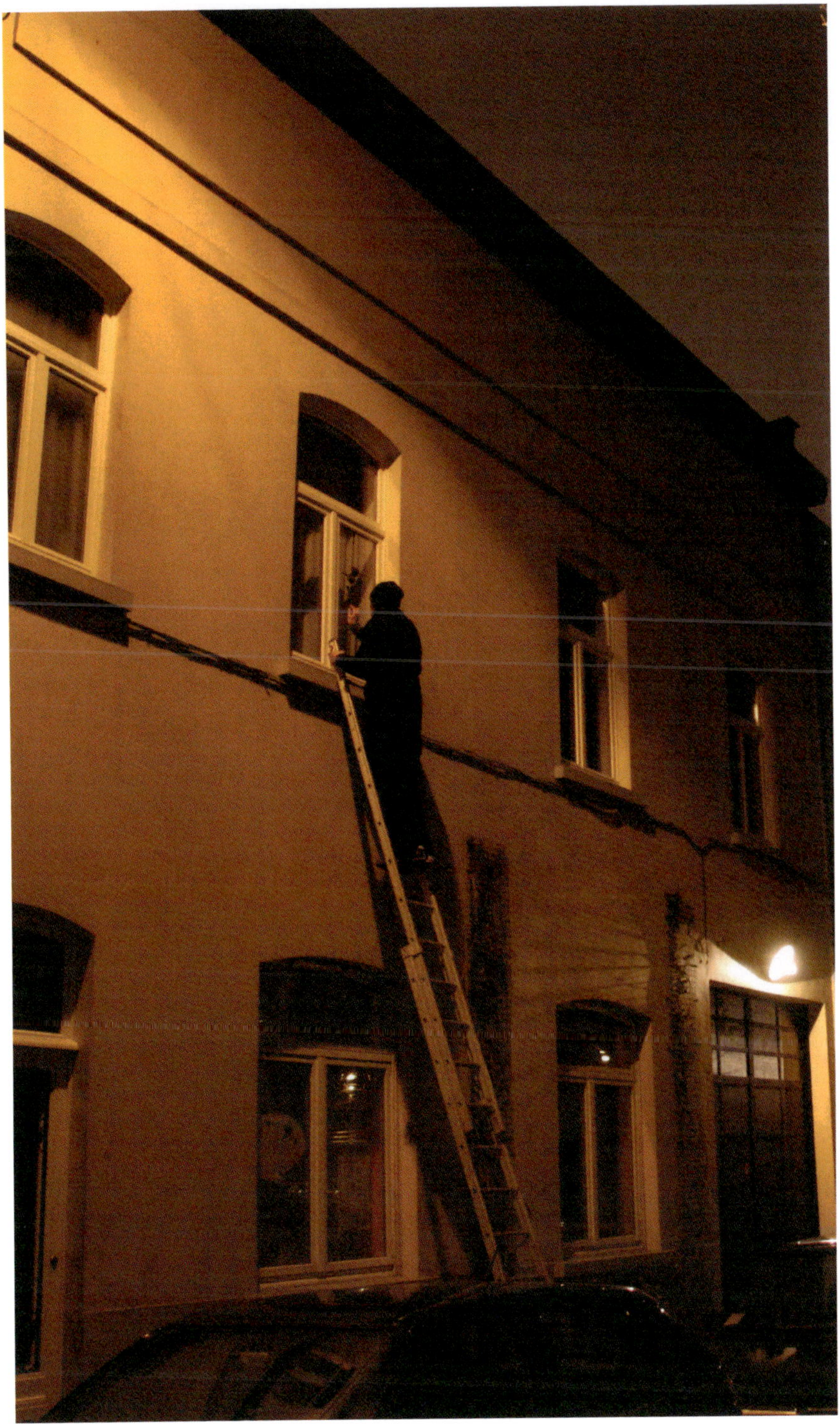

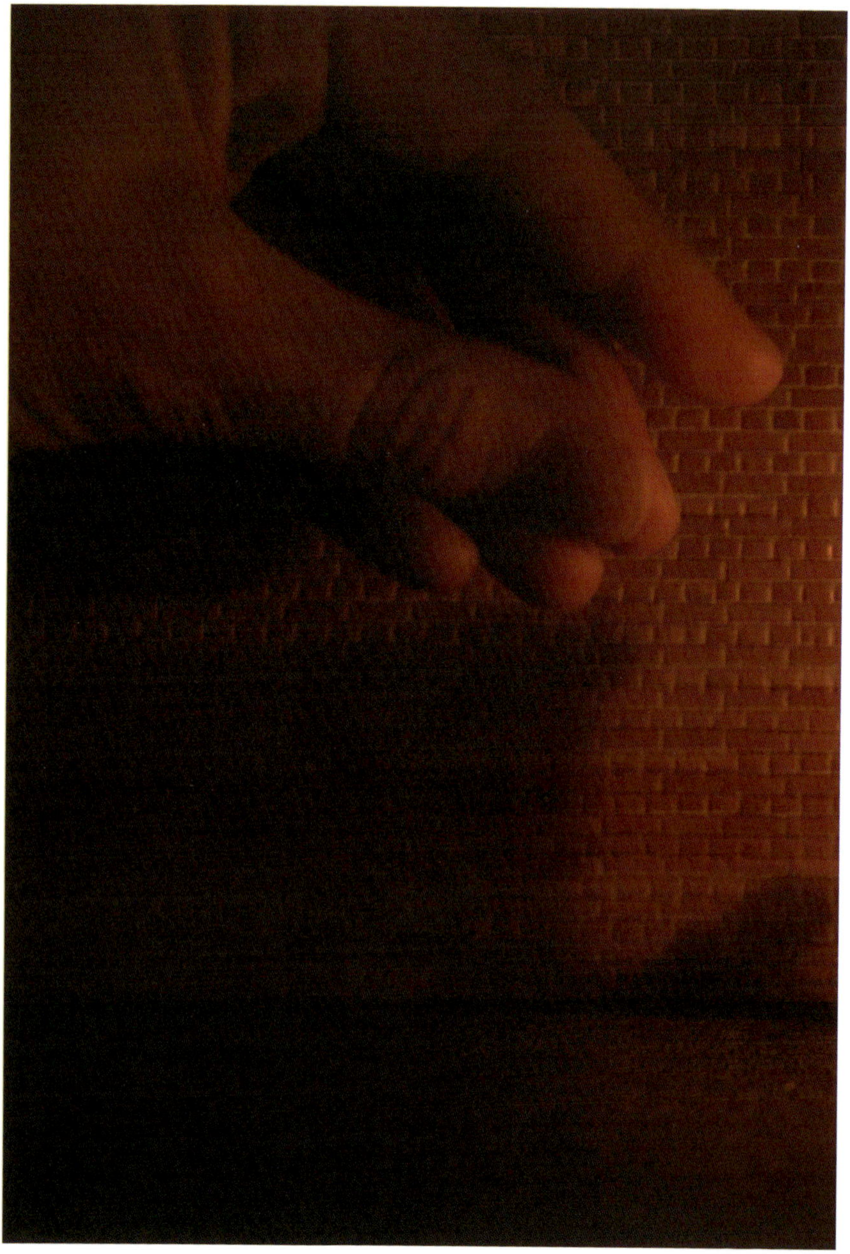

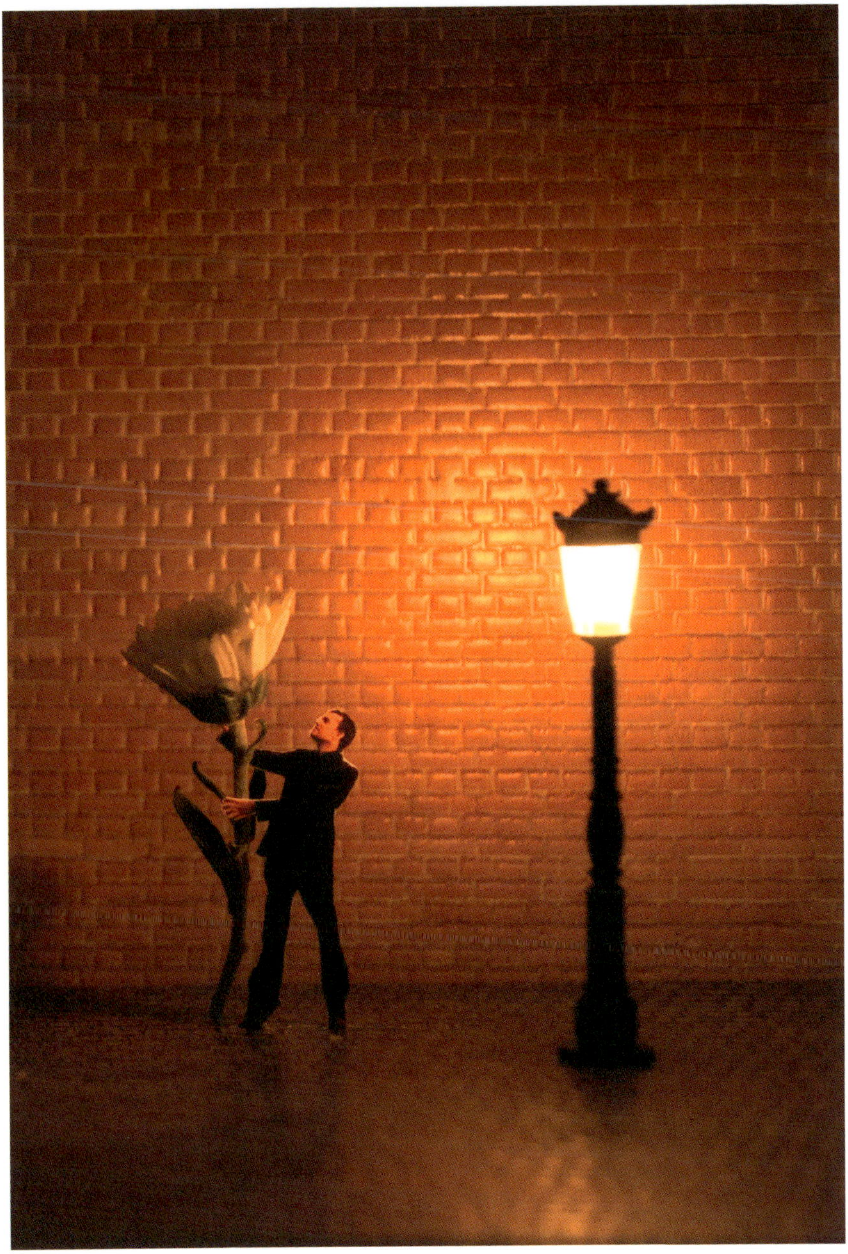

PARTIE 6

L'AMOUR CRÉATEUR

52

Regarde en moi

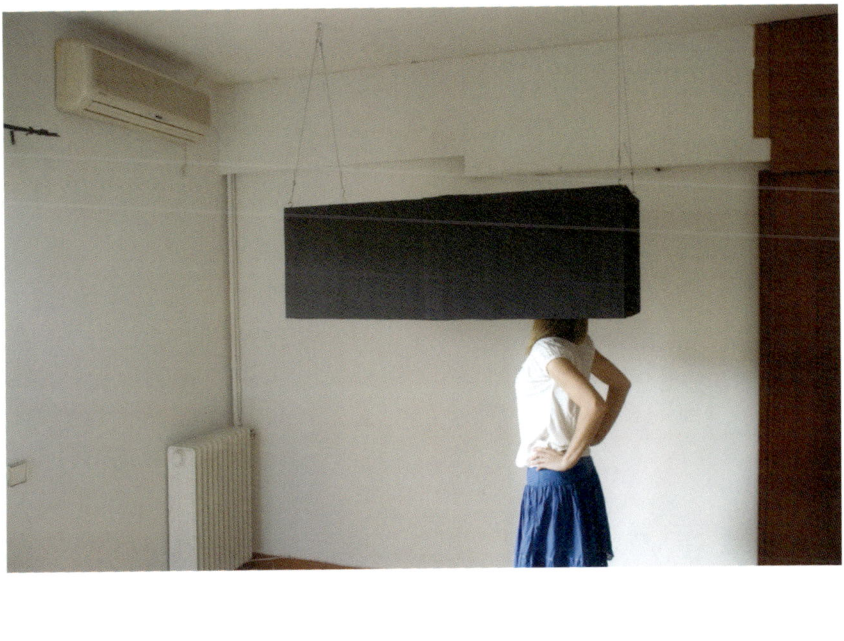

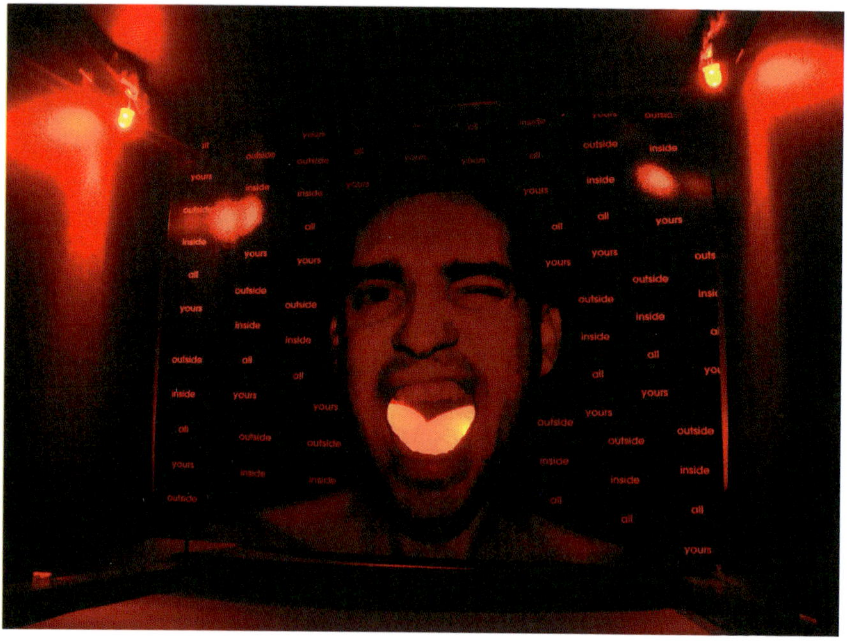
yours
outside
inside
all
yours
outside
inside
all
yours

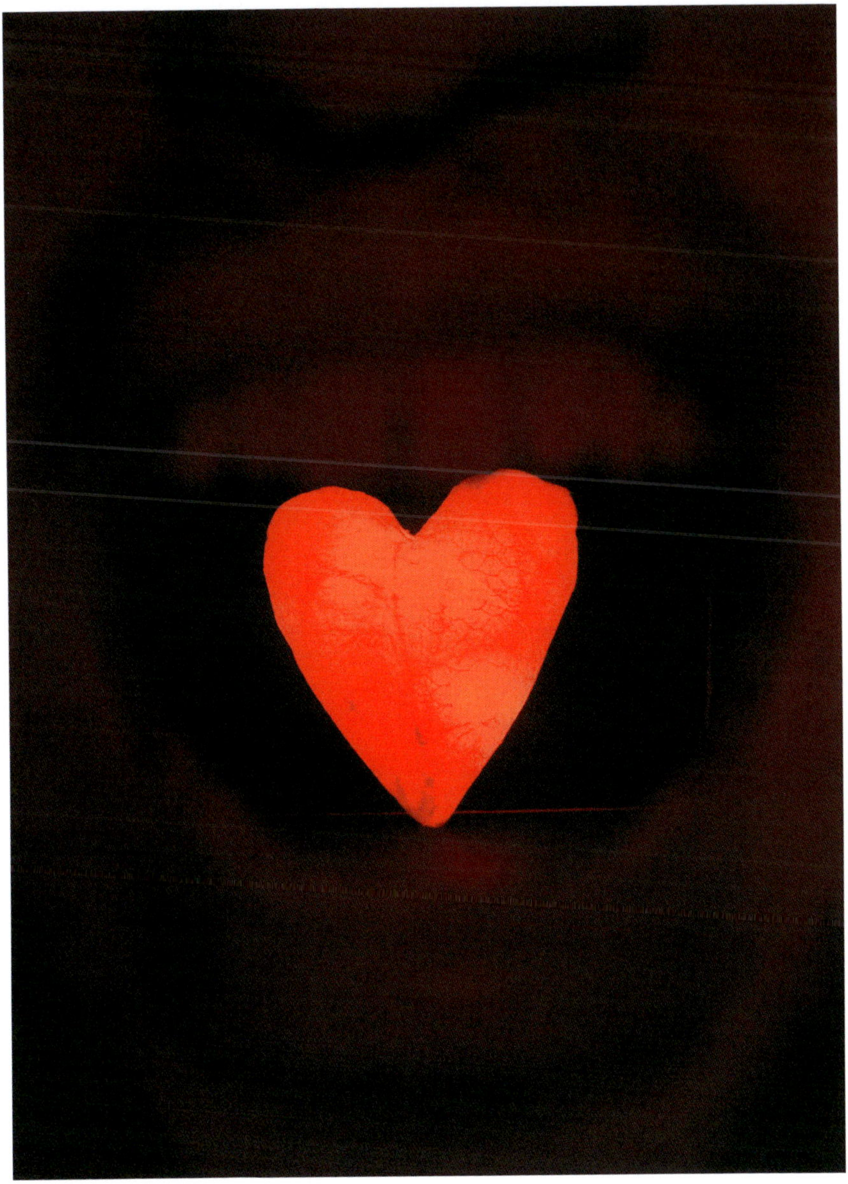

53

Théâtre d' amour.

Une pièce de théâtre très intime et personnalisée où les actrices et acteurs sont toi, elle, toi, de nouveau elle, un dragon, un chien, de nouveau toi, de nouveau elle et un être extra-terrestre.

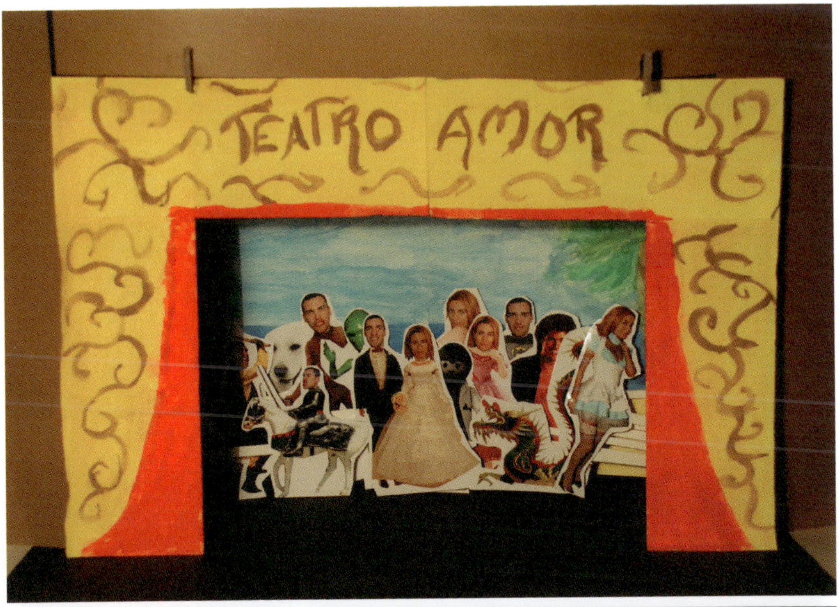
TEATRO AMOR

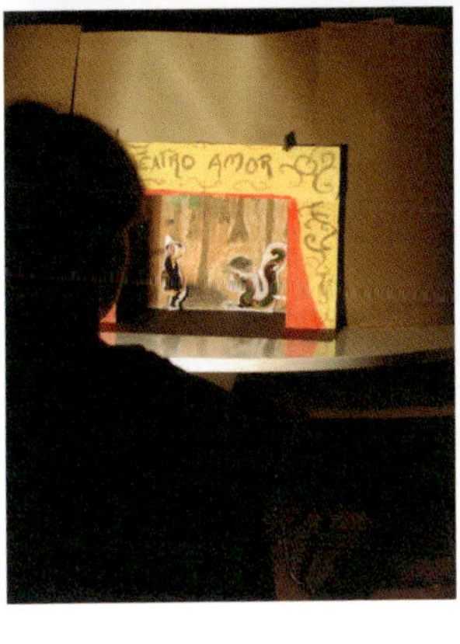
TEATRO AMOR

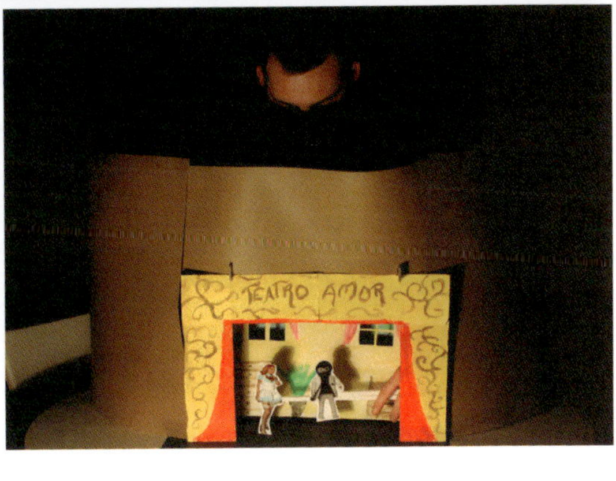
TEATRO AMOR

54

J' ai encore quelque chose pour toi.

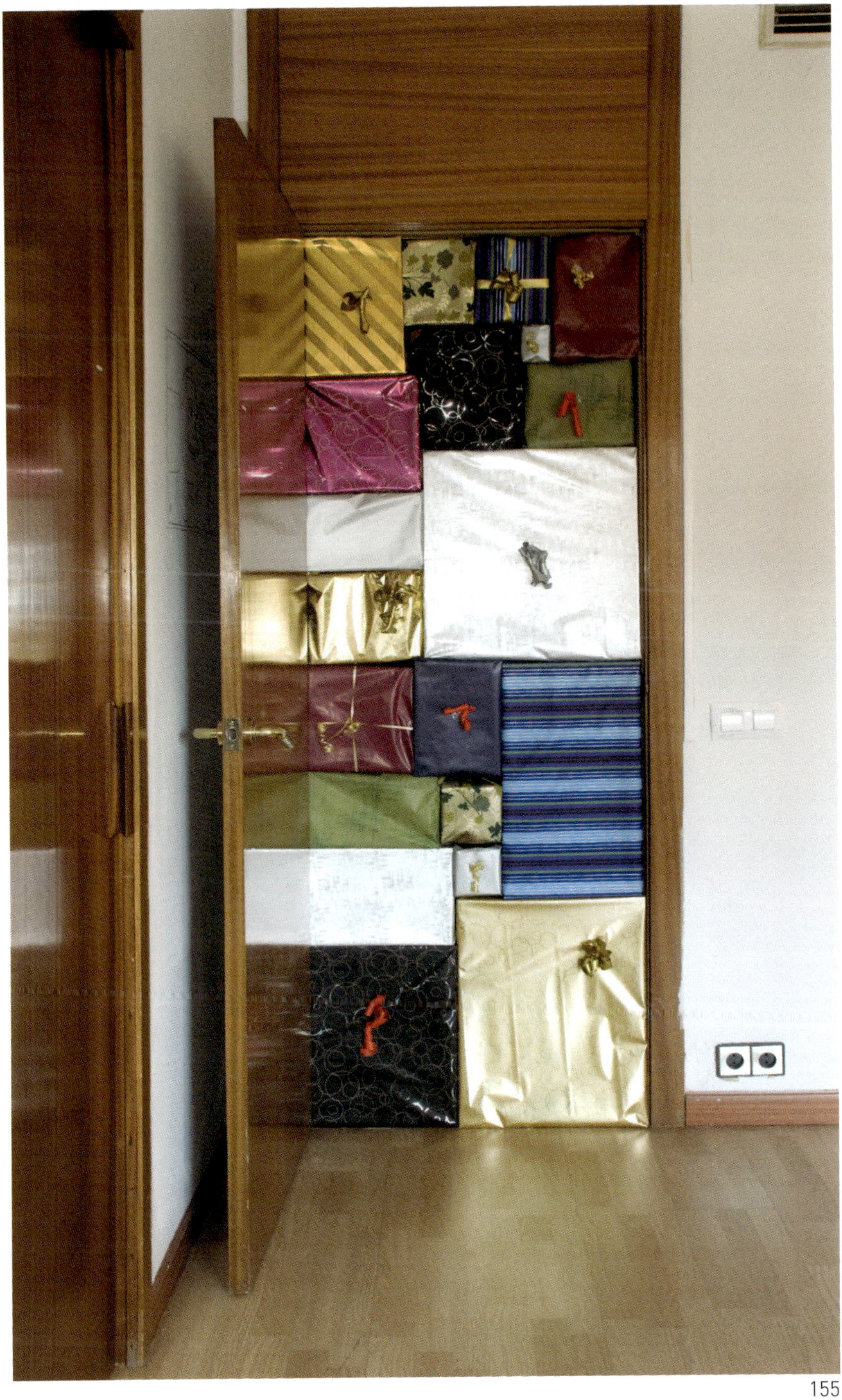

55

Pourrais-tu baisser les stores?

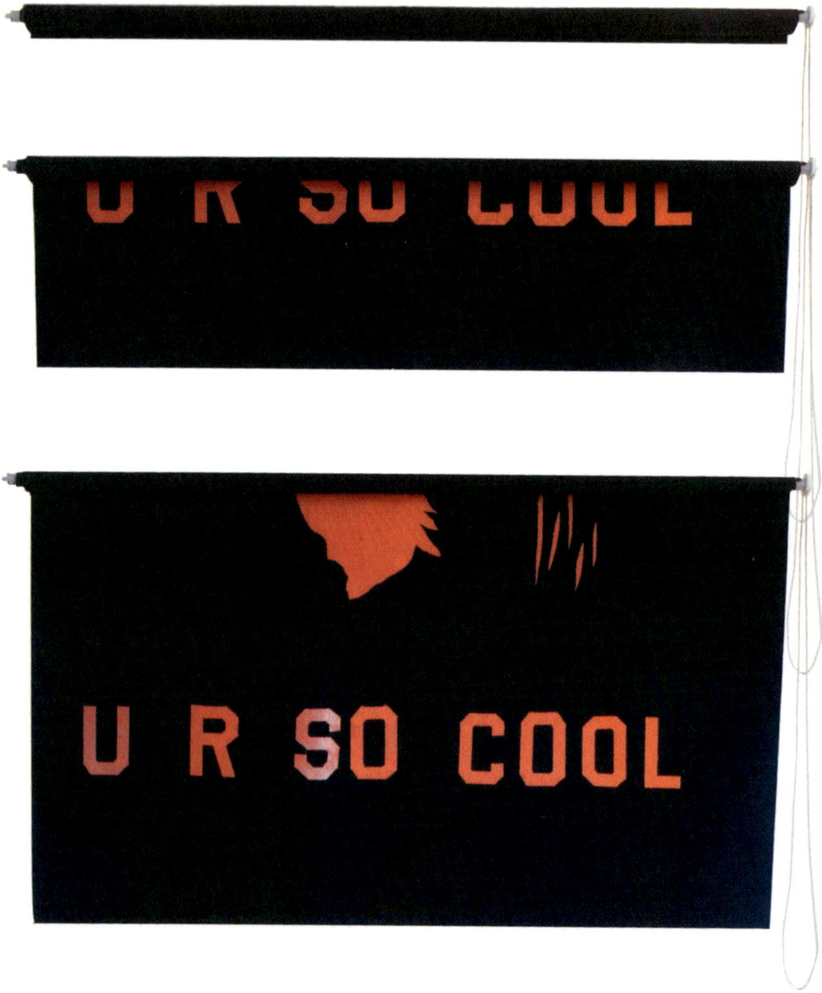

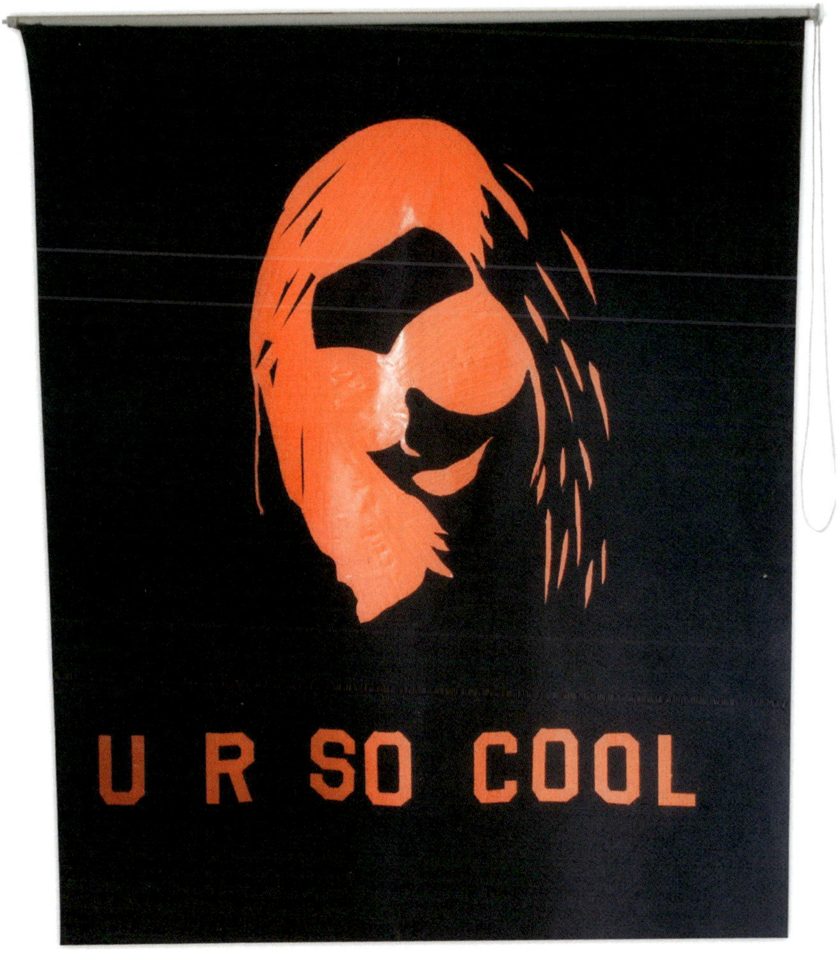
U R SO COOL

56, 57, 58

Toi, toi et toi.

‘Je ne veux manger que toi parce que les autres filles ne sont pas si douces. Et tu peux manger le dessert.’

`Quand je suis avec toi, je n’embrasse pas d’ autres filles – ta salive est la meilleure`

`Tu me rends fou – oui, il n’y a que toi.`

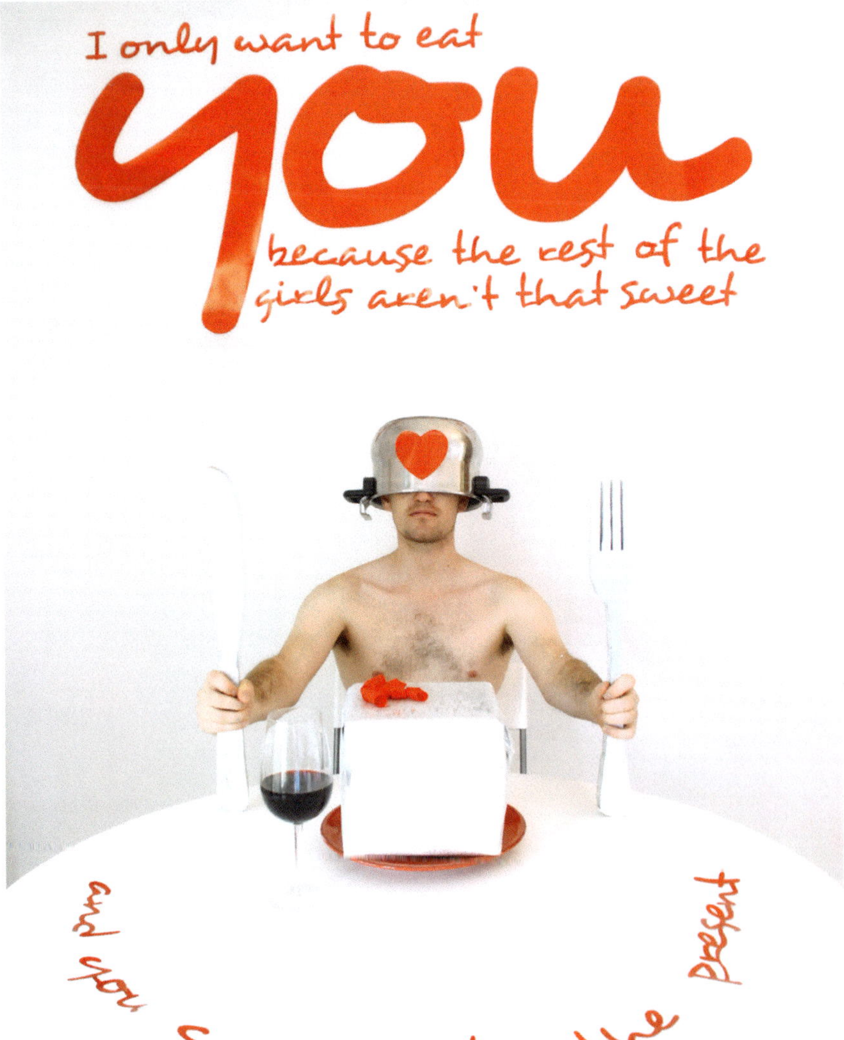
I only want to eat
you
because the rest of the
girls aren't that sweet
and you can eat the present

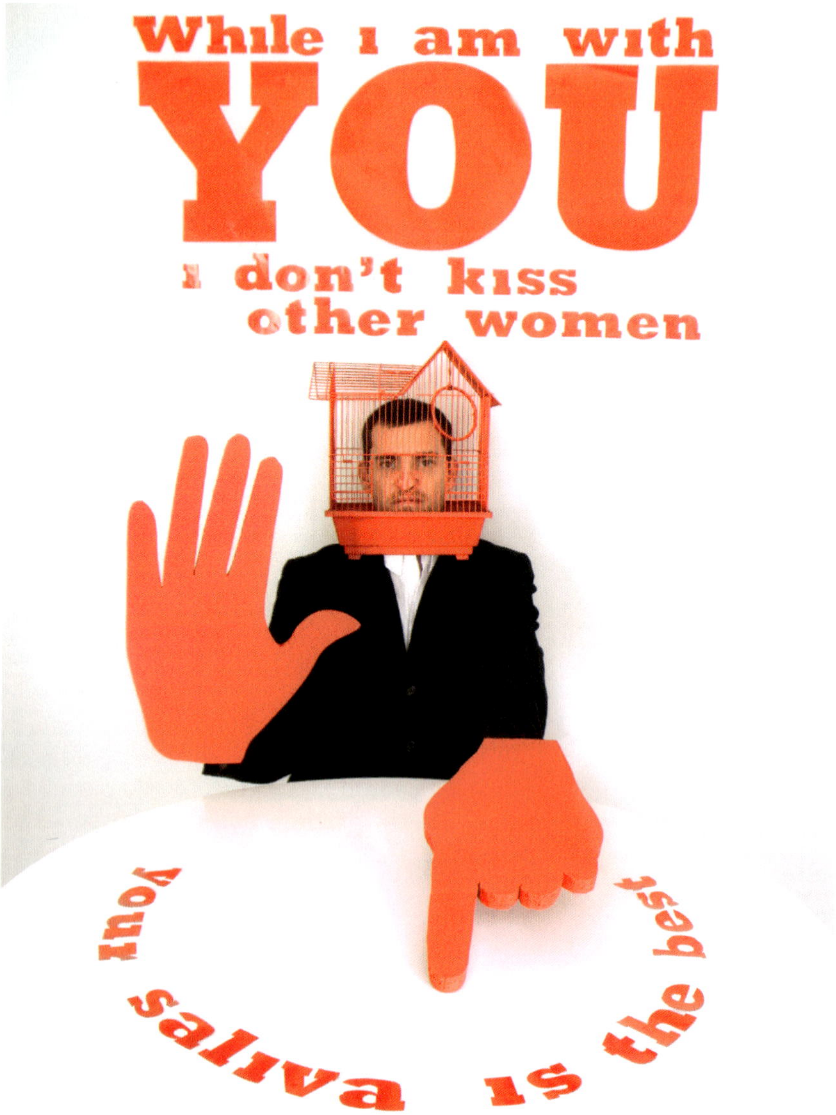
While i am with
YOU
i don't kiss
other women
Your saliva is the best

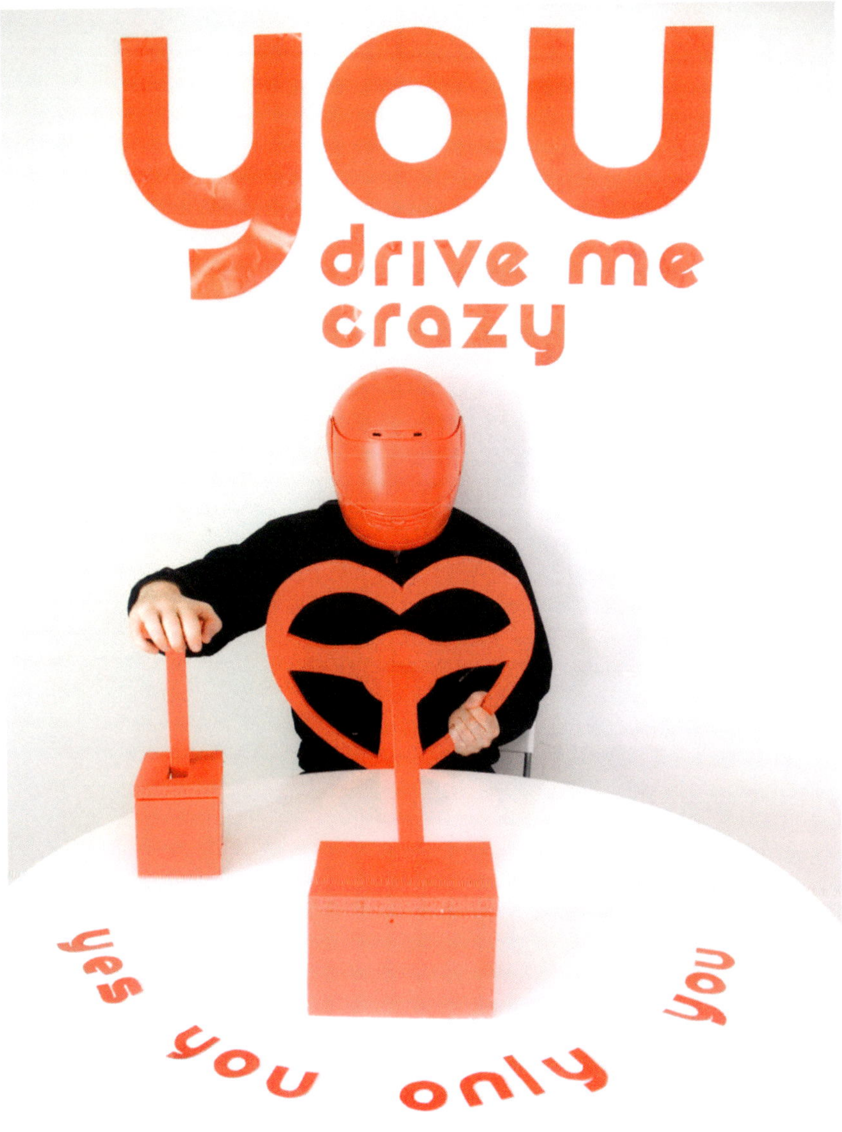
you
drive me
crazy
yes you only you

59

Ruban d'amour.

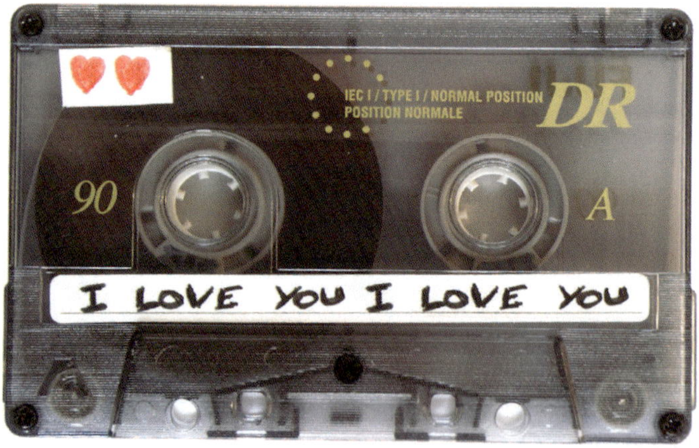

L' amour des années quatre-vingt.

USB d' amour.

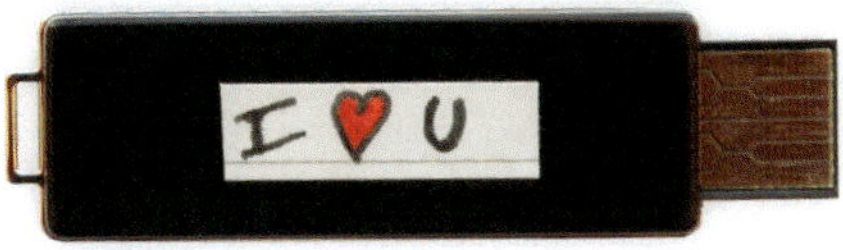

L' amour actuel.

60

Définitions

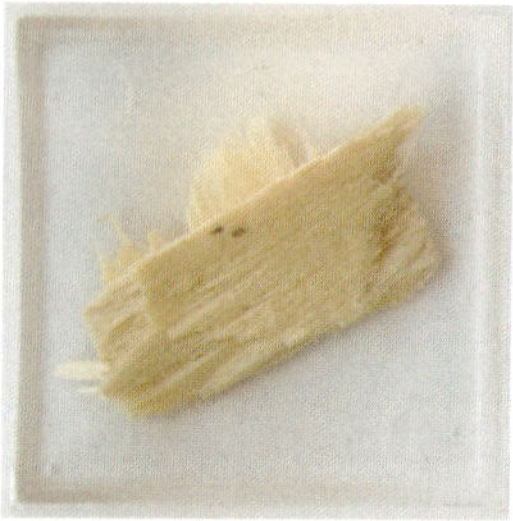

LE BOIS

Le bois est un tissu structuré dur, fibreux, lignifié produit comme xylème secondaire dans les tiges de plantes ligneuses, notamment des arbres mais aussi des arbustes.

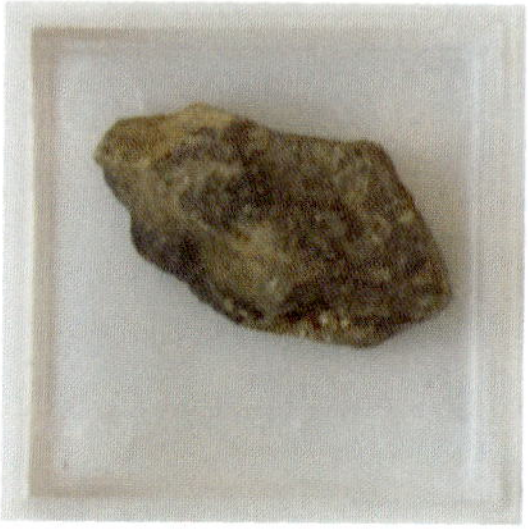

LE ROC

Le roc est un agrégat de minéraux et/ou de mineraloïds d' origine naturelle. La lithosphère terrestre est composée de rocs.

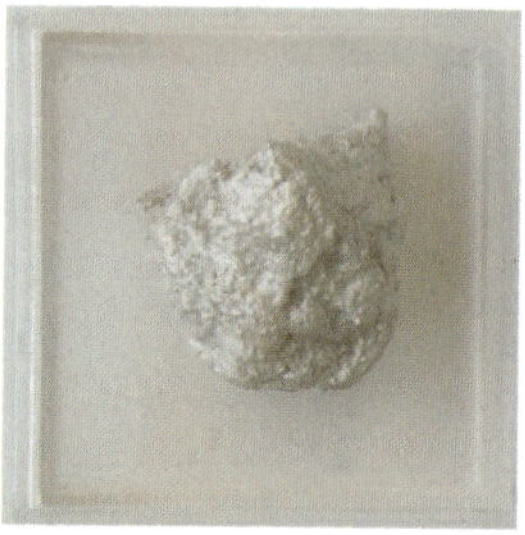

L' ARGENT

L' argent est un métal doux, blanc et brillant. Il a la conductibilité électrique la plus haute de tout type d' éléments et la plus haute conductibilité thermale de tous les métaux.

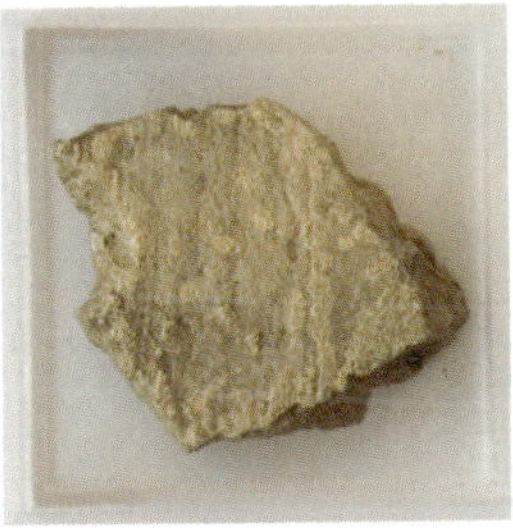

L' OR

L'or est dense, doux, brillant et le plus malléable des métaux connus. L' or pur a une couleur jaune vif, traditionnellement considérée comme attractive.

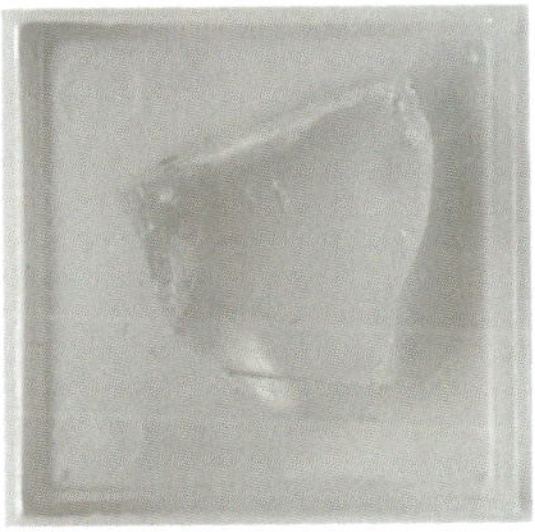

LE DIAMANT

Sa dureté et sa forte dispersion de lumière le rendent utile pour des applications industrielles et des bijoux. Il est le minéral le plus dur connu naturellement.

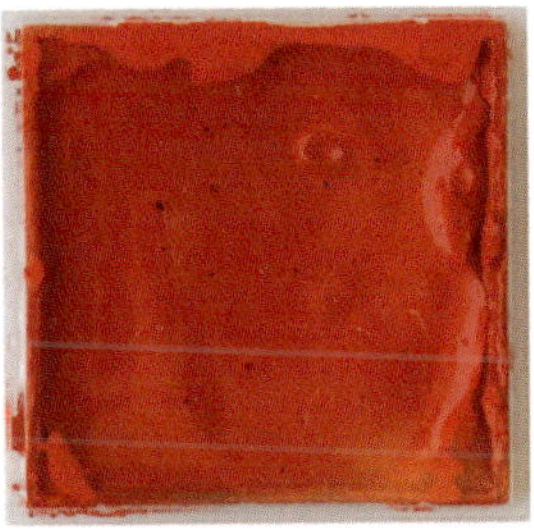

L' AMOUR

L' amour est la source énergétique la plus élevée sur terre. Capable de construire ou de détruire tout ce qui a été crée. Il est complexe, imprédictible et peut être trouvé partout. De tous les matériaux il est le plus désiré.

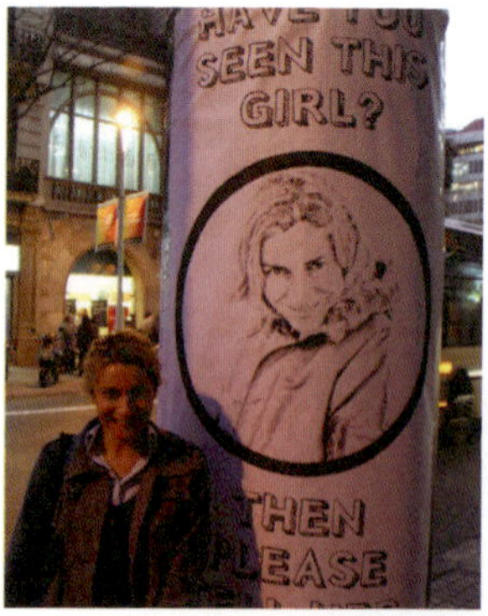
SEEN THIS
GIRL?

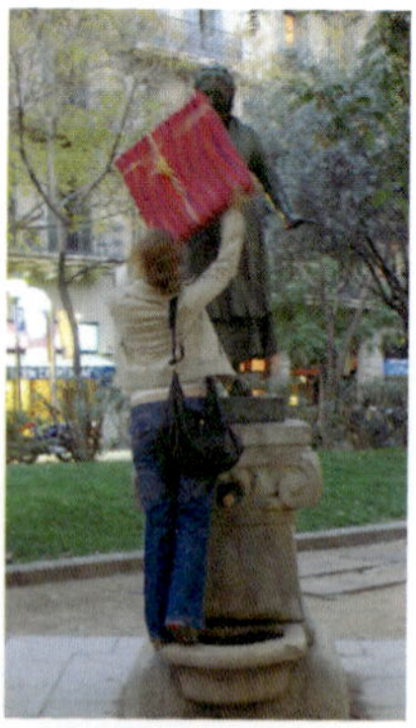

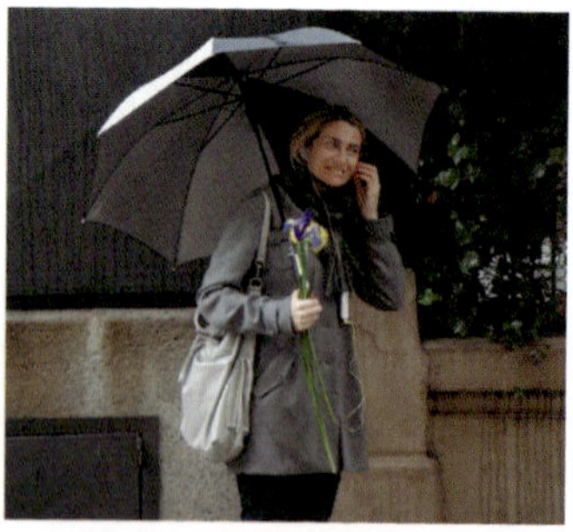

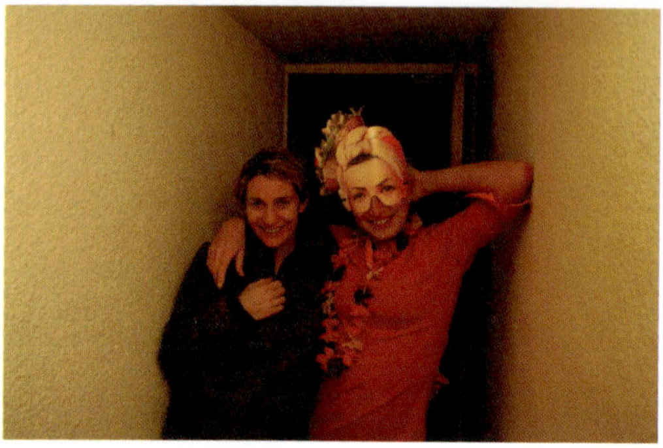

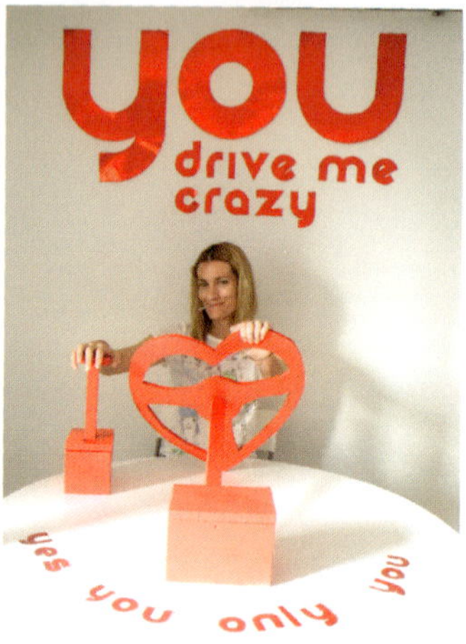
you
drive me
crazy
yes you only you

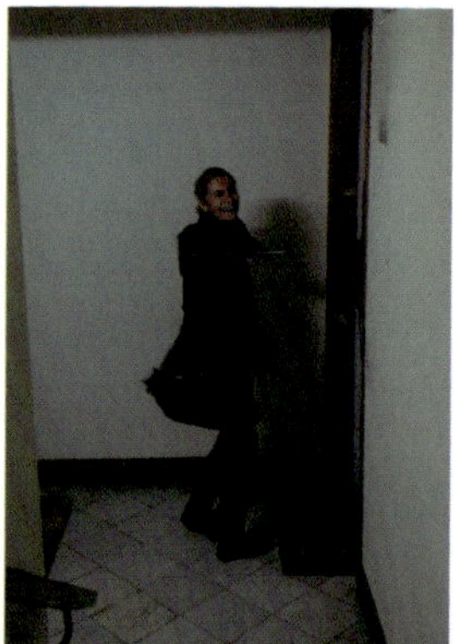

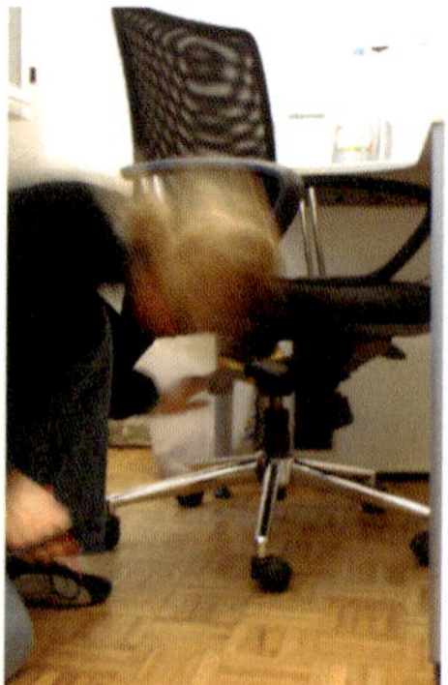

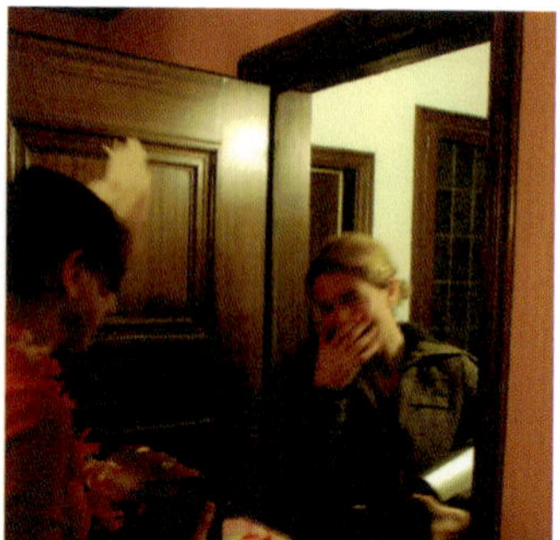

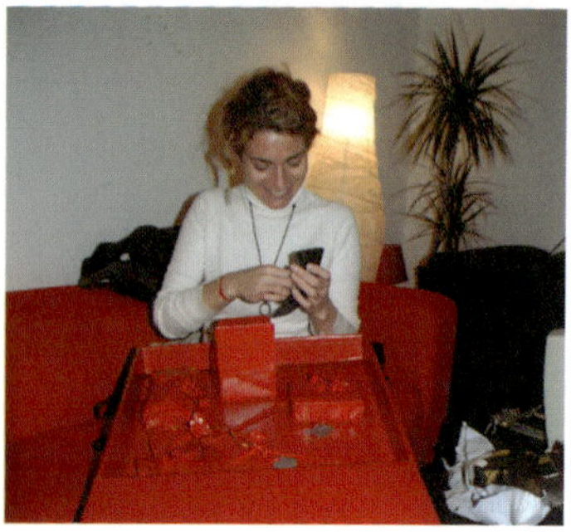

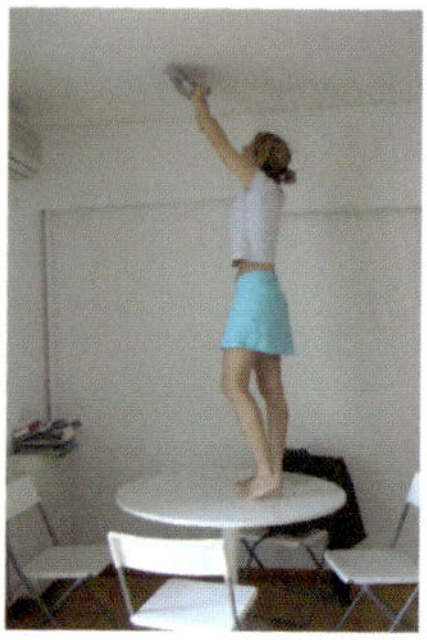

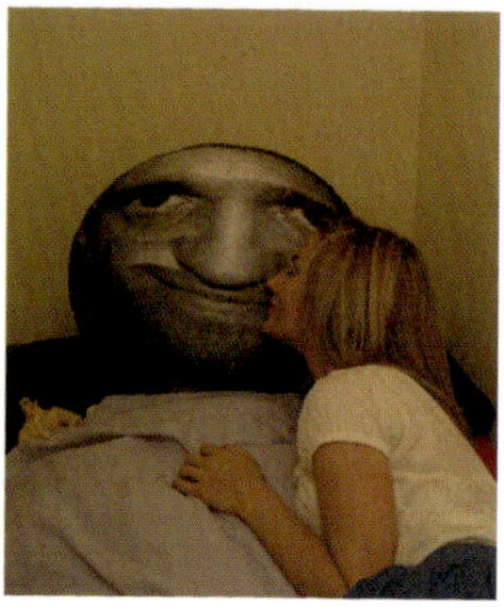

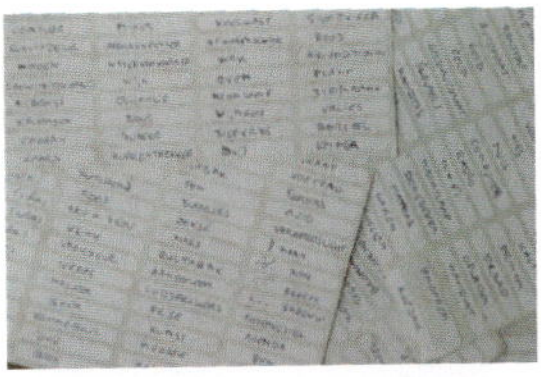

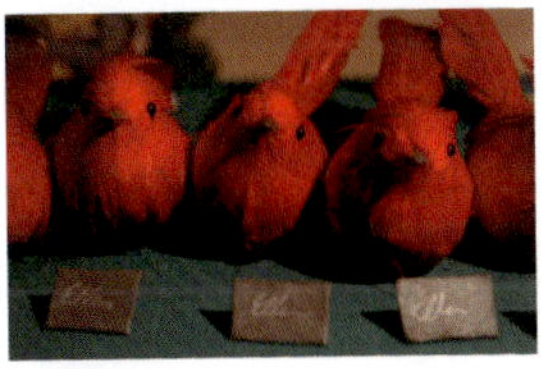

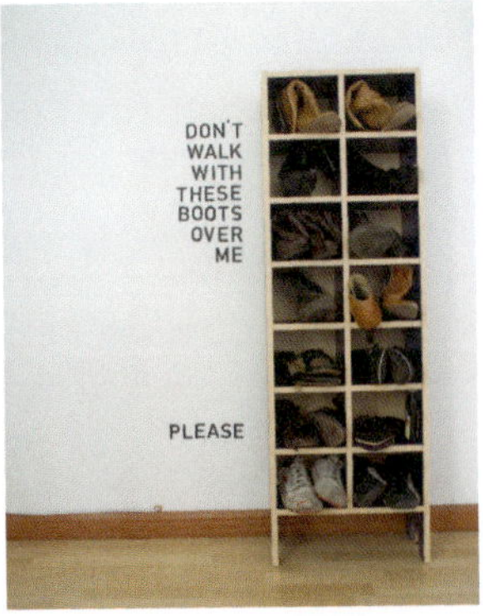
DON'T
WALK
WITH
THESE
BOOTS
OVER
ME
PLEASE

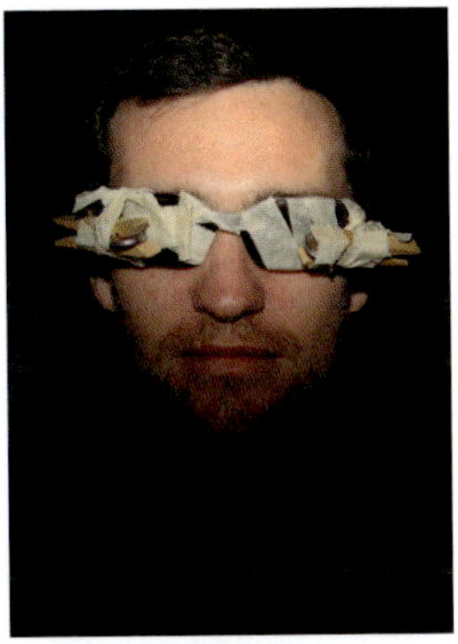

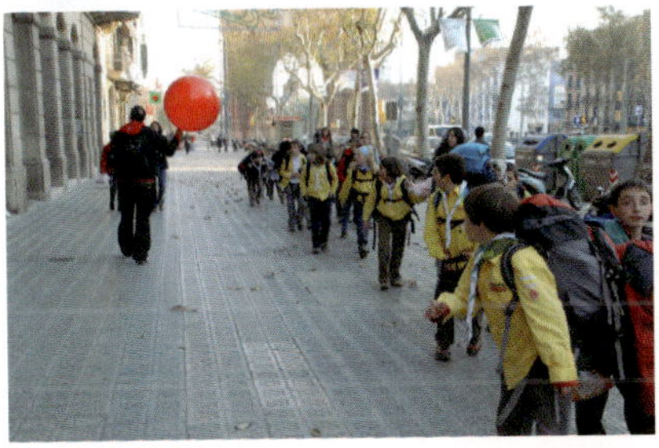

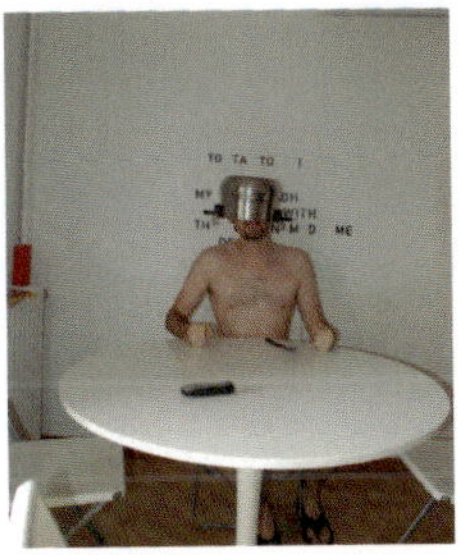

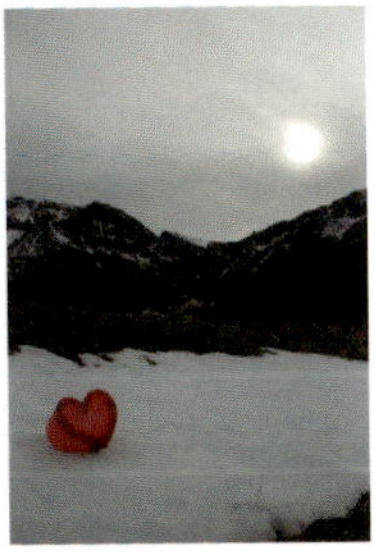

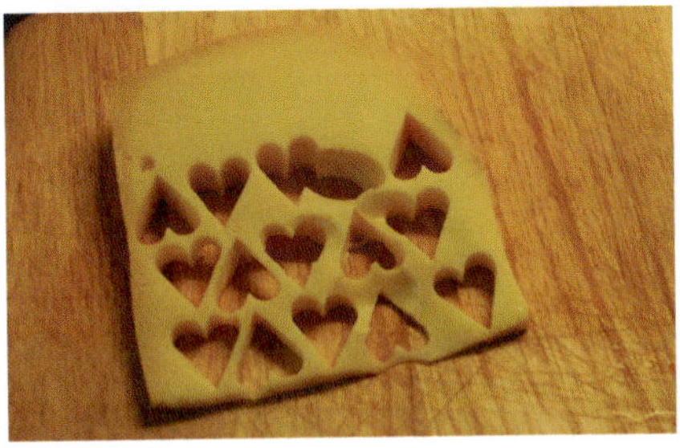

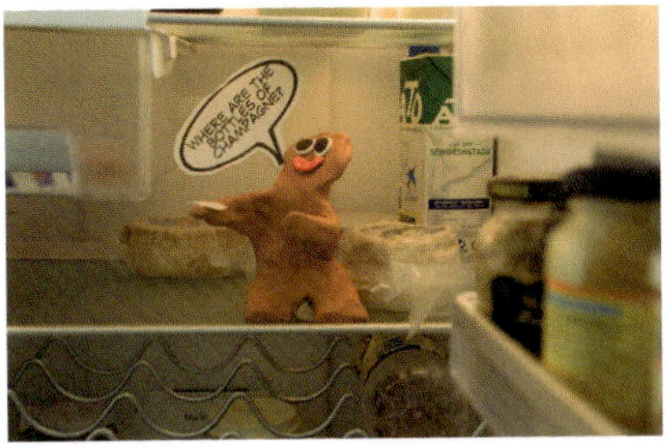
WHERE ARE THE BOTTLES OF CHAMPAGNE?

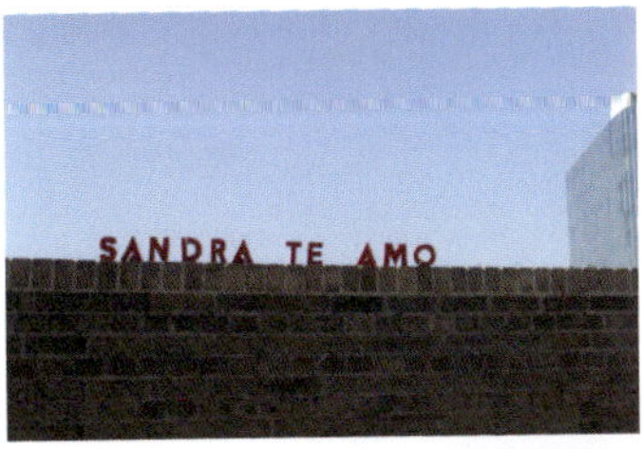
SANDRA TE AMO

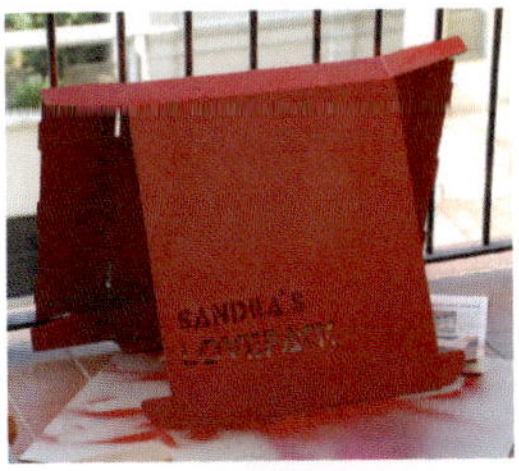
SANDRA'S

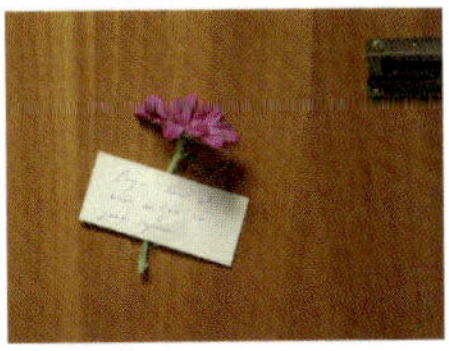

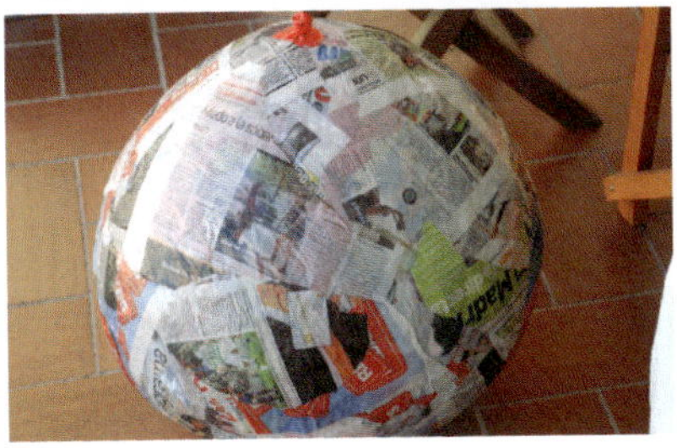

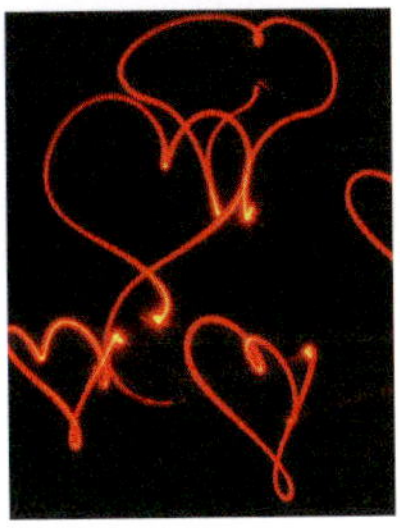

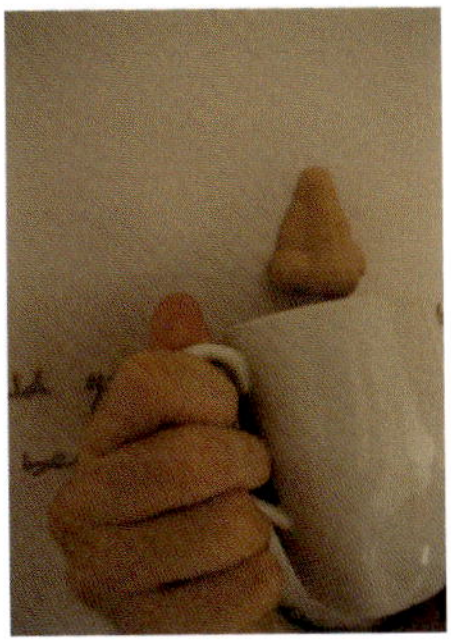

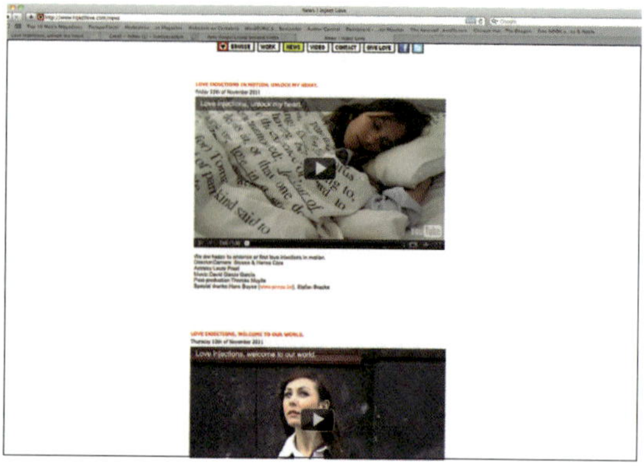

Site officiel et blog

www.injectlove.com

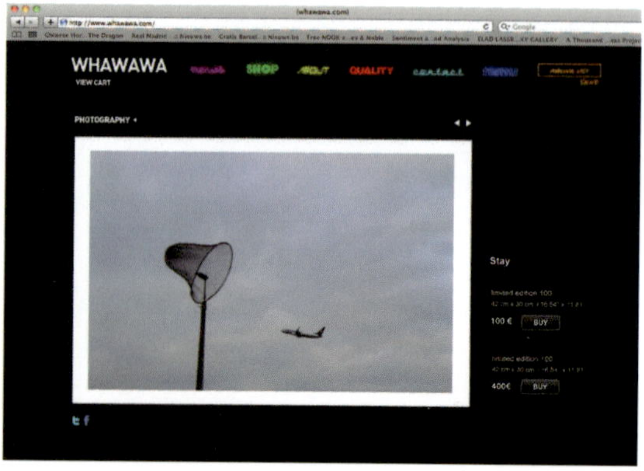

Photographies, sérigraphies

www.whawawa.com

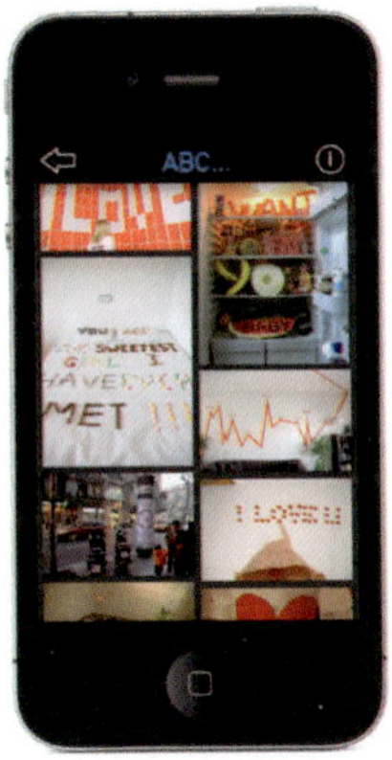

Ce livre est aussi disponible sur

iPhone

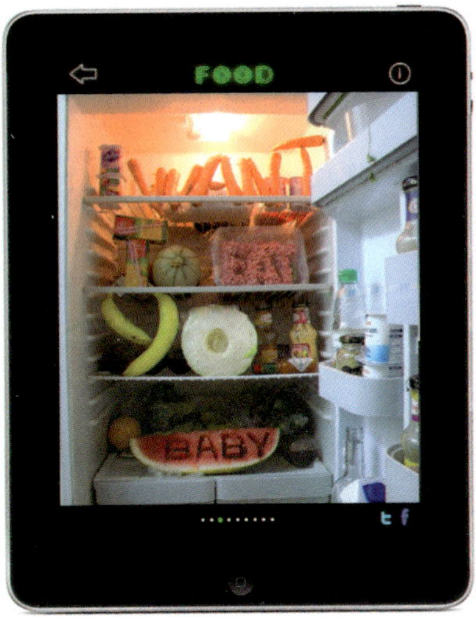

iPad

CPSIA information can be obtained
at www.ICGtesting.com
Printed in the USA
LVIC06n1444110614
389604LV00012B/62

* 9 7 8 8 4 9 3 8 6 2 3 3 6 *